INTRODUÇÃO AOS ASPECTOS JURÍDICOS DA ADMINISTRAÇÃO PÚBLICA

SÉRIE ESTUDOS JURÍDICOS: DIREITO PÚBLICO

EDITORA
intersaberes

Ricardo Kleine de Maria Sobrinho

EDITORA intersaberes

Rua Clara Vendramin, 58 . Mossunguê . Cep 81200-170 . Curitiba . PR . Brasil
Fone: (41) 2106-4170 . www.intersaberes.com.br . editora@editoraintersaberes.com.br

Conselho editorial Dr. Ivo José Both (presidente), Drª Elena Godoy, Dr. Neri dos Santos, Dr. Ulf Gregor Baranow ▪ **Editora-chefe** Lindsay Azambuja ▪ **Gerente editorial** Ariadne Nunes Wenger ▪ **Preparação de originais** Letra & Língua Ltda. – ME ▪ **Edição de texto** Monique Francis Fagundes Gonçalves ▪ **Capa** Luana Machado Amaro ▪ **Projeto gráfico** Mayra Yoshizawa ▪ **Diagramação** Luana Machado Amaro ▪ **Equipe de** *design* Luana Machado Amaro ▪ **Iconografia** Regina Claudia Cruz Prestes

Dados Internacionais de Catalogação na Publicação (CIP)
(Câmara Brasileira do Livro, SP, Brasil)

Maria Sobrinho, Ricardo Kleine de
   Introdução aos aspectos jurídicos da administração pública/Ricardo Kleine de Maria Sobrinho. Curitiba: InterSaberes, 2020. (Série Estudos Jurídicos: Direito Público)

   Bibliografia.
   ISBN 978-65-5517-782-4

   1. Administração pública 2. Bens públicos 3. Controle jurisdicional de atos administrativos 4. Direito administrativo 5. Regime jurídico I. Título. II. Série.

20-42459   CDU-35

Índices para catálogo sistemático:
1. Administração pública: Direito administrativo 35

Cibele Maria Dias – Bibliotecária – CRB-8/9427

1ª edição, 2020.

Foi feito o depósito legal.

Informamos que é de inteira responsabilidade do autor a emissão de conceitos.

Nenhuma parte desta publicação poderá ser reproduzida por qualquer meio ou forma sem a prévia autorização da Editora InterSaberes.

A violação dos direitos autorais é crime estabelecido na Lei n. 9.610/1998 e punido pelo art. 184 do Código Penal.

Sumário

9 ▪ Apresentação

Capítulo 1
15 ▪ **Noções gerais sobre Administração Pública**
    16 | Funções do Estado
    23 | Direito Administrativo
    26 | Regime jurídico administrativo
    33 | Interesse público
    40 | Bens públicos

Capítulo 2
53 ▪ **Princípios do Direito Administrativo**
    58 | Princípio da legalidade
    64 | Princípio da finalidade
    65 | Princípio da impessoalidade
    67 | Princípio da publicidade
    72 | Princípio da motivação
    74 | Princípio da moralidade
    78 | Princípio da boa-fé ou da confiança
    80 | Princípio da segurança jurídica
    82 | Princípio da eficiência e suas dimensões: economicidade, eficiência *stricto sensu* e eficácia
    89 | Princípios da razoabilidade e da proporcionalidade

Capítulo 3
95 ▪ Organização administrativa
96 | Competências públicas: deveres-poderes da Administração
108 | Estrutura da Administração Pública
114 | Administração indireta

Capítulo 4
137 ▪ Atos administrativos
138 | Fatos e atos administrativos
140 | Conceito de ato administrativo
142 | Existência, validade e eficácia dos atos administrativos
145 | Atributos do ato administrativo
152 | Elementos do ato administrativo
163 | Vinculação e discricionariedade
178 | Modalidades de extinção dos atos administrativos
181 | Vícios dos atos administrativos

Capítulo 5
199 ▪ Controle da Administração Pública
200 | Conceito e abrangência
201 | Espécies de controle
203 | Controle interno da Administração Pública: controle administrativo
207 | Controle externo da Administração Pública
229 | Controle dos atos administrativos

Capítulo 6
237 ▪ **Responsabilidade do Estado por dano patrimonial**
239 | Evolução das Teorias da Responsabilidade Extracontratual do Estado
242 | Responsabilidade do Estado no Brasil: responsabilidade objetiva
246 | Conduta lesiva ensejadora de responsabilidade objetiva
251 | Excludentes de responsabilidade do Estado
261 | Responsabilidade por atos legislativos e por atos jurisdicionais

Capítulo 7
265 ▪ **Agentes públicos: espécies e vínculos com a Administração Pública**
266 | Espécies de agentes públicos
274 | Cargos, empregos e funções públicas
291 | Regime jurídico do servidor público
292 | Remuneração, vencimentos e subsídios
295 | Direito de greve e de livre associação sindical
299 | Responsabilidade dos agentes públicos
302 | Improbidade administrativa

305 ▪ *Considerações finais*
307 ▪ *Referências*
333 ▪ *Sobre o autor*

Apresentação

O livro que você tem em mãos, caro leitor, foi escrito para os cursos de graduação em Direito, com o intento de propiciar uma compreensão mais profunda da Administração Pública, especialmente sob a ótica jurídica, pois é o Direito que vai estruturar as regras que formam tal Administração Pública, determinando suas ações e seus objetivos. Assim, nosso desígnio primordial é esclarecer como opera, em linhas gerais, o Direito Administrativo, descrevendo seus principais institutos e associando exemplos e decisões colhidos nos tribunais do país, para que a assimilação prática da disciplina esteja também presente.

Elaboramos, assim, um material abrangente, com vistas a dar ao leitor uma visão panorâmica dos principais tópicos formadores do Direito Administrativo. Apesar desse compromisso, certas matérias ou não foram tratadas (por exemplo, o tema das licitações e dos contratos administrativos) ou receberam uma abordagem mais enxuta (por exemplo, o tema da responsabilidade administrativa dos agentes públicos), sem que nos detivéssemos aos detalhes, e essa foi nossa opção por duas razões principais.

A primeira refere-se à estruturação dos cursos de graduação, que divide o estudo do Direito Administrativo em duas ou mais cadeiras, das quais esta, a de Administração Pública, é introdutória, e temas mais profundos e singulares acabam não tendo espaço nessa específica disciplina.

A segunda diz respeito ao detalhamento e à extensão dos temas referidos, que impedem um exame mais minucioso, o qual poderia comprometer a didática e tornar o texto prolixo e enfadonho, cheio de idas e vindas, obscurecendo o entendimento claro que miramos.

Por esses dois motivos, assuntos mais específicos e extensos, presentes na estruturação de um curso de graduação, serão objeto de outros volumes da coleção. Preservamos, assim, a objetividade e a didática da obra, sem comprometer o conteúdo, que receberá, neste texto, toda a base teórica necessária para que outras matérias derivadas, específicas e mais extensas possam ser adequadamente desenvolvidas nos volumes correspondentes.

Com esse alerta em mente, este livro, escrito, como dissemos, com a intenção de servir de material de base para os cursos de graduação, pode perfeitamente ser utilizado por qualquer cidadão interessado em conhecer o tema – que encontrará aqui texto claro e objetivo voltado à compreensão ampla e panorâmica da Administração Pública.

De fato, tal assunto é de interesse geral de toda a população, que nele encontrará a explicação para o atuar administrativo do Estado brasileiro, principalmente em um tempo histórico, em que as instituições públicas encontram-se tão abaladas e desacreditadas por sucessivos escândalos políticos e de corrupção.

Procuramos adotar, em todo o texto, uma linguagem límpida, simples e objetiva, mas não sem descuidar da densidade técnica necessária ao perfeito entendimento dos meandros que compõem a Administração Pública. Nessa trilha didática, inserimos também boxes pontuais para chamar a atenção sobre temas muito importantes encontrados na legislação ou nas decisões dos tribunais, denominados *Acórdão em destaque*, *Súmula em destaque* e *Norma em destaque*, a depender do conteúdo evidenciado. Outros boxes, sem qualquer denominação, apenas ressaltam, em forma de esquema ou gráfico, ideias e conceitos importantes trabalhados ao longo da obra. Buscamos, desse modo, tal como Teseu auxiliado por Ariadne, vencer o labirinto em que o atuar administrativo encastela-se, a fim de torná-lo de acesso fácil a qualquer cidadão minimamente interessado nos rumos impostos ao país.

Conduzidos pelo fio de Ariadne, portanto, dividimos a obra em sete capítulos. No Capítulo 1, examinamos a base de conhecimentos e conceitos que serão utilizados no restante do livro, iniciando pelo estudo das funções do Estado relativamente ao Direito Administrativo. A seguir, mergulhamos no exame do núcleo constitutivo do regime jurídico administrativo e buscamos, ainda, entender um conceito absolutamente central para a disciplina: *interesse público*. Ao final do capítulo, examinamos a classificação e o regime jurídico dos bens públicos, bem como suas possibilidades de alienação e de uso pelo particular.

No Capítulo 2, examinamos os princípios que, decorrentes do núcleo essencial do regime jurídico administrativo, compõem a verdadeira base de orientação do atuar administrativo: legalidade, finalidade, impessoalidade, publicidade, motivação, moralidade, boa-fé ou confiança, segurança jurídica, eficiência (em suas dimensões de economicidade, eficiência *stricto sensu* e eficácia), razoabilidade e proporcionalidade.

Na sequência, iniciamos, no Capítulo 3, a análise da organização administrativa a partir do entendimento do que sejam as competências públicas, na condição de deveres-poderes da Administração, que se desdobram em poder normativo ou regulamentar, poder disciplinar, poderes decorrentes da hierarquia e poder de polícia. Também tratamos dos órgãos da Administração Pública, além dos fenômenos da desconcentração e da descentralização administrativa, o que nos levará ao estudo da Administração indireta, composta por autarquias, fundações públicas, consócios públicos, empresas públicas e sociedades de economia mista (empresas estatais), agências executivas, agências reguladoras e terceiro setor.

Por sua vez, no Capítulo 4, evidenciamos a forma básica pela qual a Administração Pública atua, isto é, por meio da emissão de atos administrativos. O tema é dos mais relevantes de toda a obra e inicia-se pela distinção entre fatos e atos administrativos, para, depois, desvendar a formação de tais atos mediante a análise das respectivas existência, validade e eficácia. A seguir, é também fundamental a compreensão dos atributos e dos elementos do ato administrativo. Também essenciais e ligadas diretamente ao estudo do princípio da legalidade são as noções de vinculação e discricionariedade, analisadas com a devida atenção. Em seguida, exploramos as modalidades de extinção dos atos administrativos e os vícios que os acometem, resultando em atos inexistentes, nulos e anuláveis, e que são controláveis pelos institutos da revogação, invalidade e convalidação.

No Capítulo 5, nossa missão é demonstrar como ocorre o controle da Administração Pública, com especial ênfase para as modalidades interna e externa, esta última realizada pelo Poder Legislativo e pelo Poder Judiciário.

A seu turno, no Capítulo 6, abordamos a responsabilidade do Estado, iniciando por sua evolução. Em seguida, destacamos como a responsabilidade do Estado é tratada no Brasil e como se caracteriza a conduta estatal lesiva ensejadora de responsabilidade. Nesse caminho, não podemos deixar de verificar quais são e em que casos se aplicam as excludentes de responsabilidade do Estado. Além disso, tocamos no espinhoso tema da responsabilidade do Estado por atos jurisdicionais e atos legislativos.

Por fim, no Capítulo 7, o tema volta-se para os agentes públicos, iniciando pela distinção entre agentes políticos, servidores públicos, militares e particulares em colaboração com o Poder Público. Examinamos, ainda, as diferenças entre cargo, emprego e função, bem como a estabilidade dos agentes públicos, além de suas condições de ingresso, remuneração e subsídios. Também tratamos da proibição de acumulação de cargos públicos e do direito de greve dos servidores públicos. Ao final, contemplamos uma breve incursão pelo importante tema da responsabilidade dos agentes por condutas lesivas ao patrimônio público e a improbidade administrativa.

Capítulo 1

Noções gerais sobre Administração Pública

É possível afirmar que a Administração Pública é uma estrutura criada pelo Estado para gerir o país em todas as suas dimensões. Tal estrutura, no entanto, não surge do nada nem funciona por si só: para que possa existir e operar, há um sistema de normas jurídicas voltadas para esse objetivo. São elas que constituem o Direito Administrativo, que será objeto de nosso estudo no decorrer desta obra, uma vez que a perspectiva aqui adotada é a jurídica.

Entretanto, antes dessa abordagem mais específica, precisamos situar a Administração Pública na condição de exercente de função administrativa. Nesse contexto, iniciamos nossa análise com o resgate e a contextualização das funções do Estado.

— 1.1 —
Funções do Estado

A **teoria da separação de funções do Estado** é fruto de uma construção que tem como centro a defesa da liberdade do indivíduo diante do poder estatal absolutista. Seu desenvolvimento, na passagem do Estado absolutista para o Estado liberal, contou com a contribuição de diversos pensadores. Contudo, foi primeiro com John Locke (1632-1704), na obra *Segundo tratado sobre o governo* (1689), e depois com Charles de Montesquieu (1689-1785), na obra *O espírito das leis* (1742), que referida teoria encontrou seus marcos mais significativos. Nasceram, então, as tradicionais funções do Estado que hoje conhecemos, isto é, a legislativa, a jurisdicional e a executiva (também denominada *administrativa*).

Quadro 1.1 – Funções do Estado

Funções do Estado	Legislativa
	Jurisdicional
	Executiva (ou administrativa)

Na linguagem comum, essas funções são chamadas de *poderes* do Estado. A designação, entretanto, não é a mais correta tecnicamente, pois o poder é uno e pertencente ao Estado. Para que possa ser exercido com maior controle, evitando os abusos que tão comumente se verificavam nos regimes absolutistas, convencionou-se sua divisão em diferentes funções.

Assim, a separação em três distintas funções visa impedir a concentração exorbitante de poder para preservar a liberdade dos homens contra os abusos e as tiranias dos governantes. Desse modo, podemos dizer que a noção de *funções do Estado* é tanto uma construção política quanto uma consagração jurídica.

Mas o que é uma função? Segundo Marçal Justen Filho (2016, p. 96), em um "sentido subjetivo, a função indica a natureza da posição jurídica ocupada por um sujeito". Nesse contexto, a **função administrativa**, que está no centro da Administração Pública, é

> o conjunto de poderes jurídicos destinados a promover a satisfação de interesses essenciais, relacionados com a promoção

de direitos fundamentais, cujo desempenho exige uma organização estável e permanente e que se faz sob regime jurídico infralegal e que se exteriorizam em decisões destituídas de natureza jurisdicional. (Justen Filho, 2016, p. 107)

A função, portanto, marca um feixe de poderes jurídicos voltados ao cumprimento dos objetivos constitucionalmente eleitos e, no caso da função administrativa, destinados à promoção, para todos, dos direitos fundamentais inscritos na Carta Magna pela organização estatal.

É importante anotar, aqui, que a função administrativa não é exclusividade do Poder Executivo. Os três poderes acabam por exercer todas as funções, mas, para cada um deles, uma das funções é considerada a principal.

Assim, o **Poder Judiciário** tem como função principal a atuação judicial, mas, ao promover sua organização interna, exerce função administrativa e, ao editar atos legislativos internos (Código de Organização Judiciária, por exemplo), exerce função legislativa.

Por outro lado, o **Poder Legislativo** concentra a função legislativa, mas exerce função judicial quando julga determinadas autoridades (o presidente da República, por exemplo) por crime de responsabilidade, e desempenha função administrativa quando promove sua organização interna e fiscaliza a Administração Pública.

Finalmente, o **Poder Executivo** exerce, por excelência, a função administrativa, porém realiza a função legislativa quando edita atos gerais e abstratos (medidas provisórias, por exemplo), além de exercer funções judiciais quando julga internamente atos praticados pela própria Administração (é exemplo dessa atuação o CARF – Conselho Administrativo de Recursos Fiscais).

No Agravo Interno no Agravo em Recurso Especial n. 1.343.652/MG, do Superior Tribunal de Justiça (STJ), temos um exemplo claro do exercício de função administrativa pelo Poder Judiciário:

> PROCESSO CIVIL E ADMINISTRATIVO. AGRAVO INTERNO NO AGRAVO EM RECURSO ESPECIAL. PROCESSO ADMINISTRATIVO DISCIPLINAR. DECISÃO DO CONSELHO DA MAGISTRATURA. EXERCÍCIO DA FUNÇÃO ADMINISTRATIVA. DESCABIMENTO DE RECURSO ESPECIAL. AGRAVO INTERNO DO PARTICULAR A QUE SE NEGA PROVIMENTO.
>
> 1. Cuida-se, na origem, de Processo Administrativo Disciplinar no qual o Conselho da Magistratura do Tribunal a quo entendeu pela razoabilidade e proporcionalidade da decisão que aplicou penalidade de suspensão à parte ora agravante, tendo sido interposto Recurso Especial para a reforma do julgado.
>
> 2. Esta Corte Superior firmou entendimento de que não cabe Recurso Especial de decisão emanada do Conselho da Magistratura, tendo em vista que proferida no exercício da função administrativa do Tribunal de Justiça. Confiram-se os precedentes: AgInt no AREsp. 935.399/MG, Rel. Min. PAULO

DE TARSO SANSEVERINO, DJe 26.5.2017; AgInt no Resp. 1.471.839/MG, Rel. Min. FRANCISCO FALCÃO, DJe 15.12.2016; AgRg no AREsp. 556.372/MG, Rel. Min. HUMBERTO MARTINS, DJe 6.10.2014.

3. Agravo Interno do Particular a que se nega provimento. (Brasil, 2019b)

Além da função administrativa, nas mãos do governante concentra-se também a **função política** (ou de governo), caracterizada por decisões eminentemente políticas. Isto é, o exercício dessa função estrutura-se em atos de superior gestão da vida estatal, como, por exemplo, a assinatura de tratado internacional.

Acórdão em destaque

STJ – Recurso em Habeas Corpus n. 29.660/PR

RECURSO ORDINÁRIO EM HABEAS CORPUS. PEDIDO DE COMUTAÇÃO DE PENAS COM BASE NO DECRETO PRESIDENCIAL 7.046/09. IMPOSSIBILIDADE. PACIENTE CONDENADO POR CRIMES HEDIONDOS COMETIDOS ANTES DA LEI 8.072/90. IRRELEVÂNCIA. PRECEDENTES DO STJ. PARECER DO MPF PELO DESPROVIMENTO DO RECURSO. RECURSO ORDINÁRIO DESPROVIDO.

1. Na esteira de firme jurisprudência desta Corte Superior, são insuscetíveis de indulto e comutação de penas os crimes hediondos e demais equiparados, ainda que cometidos antes da vigência da Lei 8.072/90, que

> impede sua concessão, tendo em vista que a natureza do crime deve ser aferida ao tempo da entrada em vigor da norma instituidora do benefício.
>
> 2. Ademais, o art. 8º, I do Decreto 7.046/09 contém vedação expressa à concessão dos referidos benefícios, sendo tal restrição fruto de atribuição discricionária e exclusiva conferida ao Presidente da República, nos termos do art. 84, XII da CF/88, no uso de função política que parte da doutrina considera prerrogativa remanescente da época da concentração unipessoal do poder estatal.
>
> 3. Parecer do MPF pelo desprovimento do recurso.
>
> 4. Recurso Ordinário desprovido. (Brasil, 2011a)

Nesse ponto, a função de governo (política) diferencia-se radicalmente da função administrativa, como, por exemplo, a concessão de um serviço público de telefonia, que é regida pelas regras de Direito Administrativo. Podemos pensar, por exemplo, na assinatura de tratados internacionais. Embora o ato formal de assinatura deva, posteriormente, transitar pelos canais legislativos adequados para que seja internalizado como norma cogente, a decisão e o próprio ato de assinatura em si pertencem ao âmbito político de atuação do governante. Diversamente, uma concessão administrativa de serviço público radica-se no próprio regramento estabelecido pela Constituição Federal (CF) de 1988, em seu art. 175 (Brasil, 1988). Em outras palavras, ao passo que a função de governo está diretamente relacionada a atos e decisões de natureza política, a função administrativa segue regramentos e imposições já constantes no ordenamento jurídico.

Acórdão em destaque

STJ – Questão de Ordem na Ação Penal n. 874/DF

PROCESSO PENAL. DENÚNCIA. QUESTÃO DE ORDEM. GOVERNADOR. MANDATOS SUCESSIVOS. PRERROGATIVA DE FORO. INTERPRETAÇÃO RESTRITIVA. REDUÇÃO TELEOLÓGICA. ART. 105, I, "A", DA CF/88. FINALIDADE DA NORMA CONSTITUCIONAL.

[...]

6. Como manifestação do regime democrático e da forma republicana, os dois Poderes estatais que exercem funções políticas, o Executivo e o Legislativo, são submetidos a eleições periódicas, razão pela qual os mandatos só podem ser temporários.

7. Como o foro por prerrogativa de função exige contemporaneidade e pertinência temática entre os fatos em apuração e o exercício da função pública, o término de um determinado mandato acarreta, por si só, a cessação do foro por prerrogativa de função em relação ao ato praticado nesse intervalo.

8. Na presente hipótese, a omissão supostamente criminosa imputada ao investigado ocorreu no penúltimo

> de seu segundo mandato à frente do Poder Executivo Estadual, de modo que a manutenção do foro após um hiato de posse de cargo no Legislativo Federal e mais um mandato no Executivo Estadual configuraria um privilégio pessoal, não albergado pela garantia constitucional.
>
> 9. Questão de ordem resolvida para reconhecer a incompetência do STJ para examinar o recebimento da denúncia e determinar seu encaminhamento ao primeiro grau de jurisdição. (Brasil, 2019i)

Em síntese, e visto que ambas as funções, administrativa e de governo, concentram-se no próprio governante eleito, é importante não as confundir. A função administrativa, como se disse, tem caráter eminentemente técnico-jurídico, e a função de governo tem caráter eminentemente político.

— 1.2 —
Direito Administrativo

Para Marçal Justen Filho (2016, p. 83), *Direito Administrativo* "é o conjunto das normas jurídicas de direito público que disciplinam as atividades administrativas necessárias à realização dos direitos fundamentais e a organização e o funcionamento das estruturas estatais e não estatais encarregadas de seu desempenho".

Já Maria Sylvia Zanella Di Pietro (2018, p. 117) considera que *Direito Administrativo* é "o ramo do direito público que tem por objeto os órgãos, agentes e pessoas jurídicas administrativas que integram a Administração Pública, a atividade jurídica não contenciosa que exerce e os bens e meios de que se utiliza para a consecução de seus fins, de natureza pública".

Com base nesses conceitos, de modo simples e direto, podemos entender que **Direito Administrativo** é o ramo do Direito que estuda as normas que dão estrutura à Administração Pública e regem sua atuação.

— 1.2.1 —
Origem do Direito Administrativo

O Direito Administrativo surgiu e estruturou-se após a Revolução Francesa, com o objetivo de realizar o controle do poder. Seu florescimento ocorreu em razão do exercício de jurisdição administrativa pelo Conselho de Estado francês, antes alheio a qualquer função judicial e com lenta construção jurisprudencial. No ano de 1872, um importante passo foi dado com o julgamento do caso Blanco, no qual se decidiu que o Estado Francês deveria ser responsabilizado em situações de prestação de serviço público.

Em 3 de novembro de 1871, a menina Agnès Blanco, de 5 anos, foi atropelada por um vagonete da empresa estatal de manufatura de tabaco de Bordeux. O pai de Agnès, Jean Blanco, entrou com uma ação cível de reparação de danos contra o Estado Francês – dando início, assim, a um conflito entre a jurisdição judicial e a administrativa (Conselho de Estado). Decidiu-se a favor desta última como competente para julgar o caso.

A partir desse evento, o Direito Administrativo passou a ter mais destaque e começou a se desenvolver no Estado Francês, principalmente diante do fato de que, naquele contexto histórico, as decisões do Conselho de Estado francês não eram passíveis de revisão pelo Poder Judiciário – o que conferia força e estrutura ao então nascente Direito Administrativo.

— 1.2.2 —
Bases ideológicas do Direito Administrativo

Embora, para a população em geral, possa haver uma impressão difusa de que o Direito Administrativo é concebido em favor do poder, a estruturação constitucional e legal aponta em direção diversa. De fato, conquanto o Estado exerça verdadeiro poder, este é instrumental e só tem sentido para o cumprimento do dever de atingir a finalidade legal.

Importante aqui reiterar que o Direito Administrativo está a serviço da função administrativa, voltada ao atingimento das finalidades constitucionais construídas em torno do princípio da dignidade da pessoa humana em favor do cidadão (isto é, para o exercício e a consecução do interesse público, conforme destacaremos mais adiante).

Por isso, é possível afirmar que o Direito Administrativo se constitui em direito defensivo do cidadão e forma de submeter o Estado à ordem jurídica por via de um regime específico, que lhe dá a marca e os contornos: o regime jurídico administrativo.

— 1.3 —
Regime jurídico administrativo

A expressão *regime jurídico* diz respeito ao plexo de regras aplicáveis a certo ramo do Direito, determinadas por princípios específicos que marcam e informam o modo de aplicação e de interpretação daquele específico ramo.

O regime jurídico de direito público, que marca o Direito Administrativo, como ensina Marçal Justen Filho, "consiste num conjunto de normas jurídicas que disciplinam poderes, direitos e deveres vinculados diretamente à supremacia e à indisponibilidade dos direitos fundamentais" (2016, p. 128).

Segundo Maria Sylvia Zanella Di Pietro, o regime jurídico administrativo abrange "o conjunto de traços, de conotações, que tipificam o Direito Administrativo, colocando a Administração Pública numa posição privilegiada, vertical, na relação jurídico-administrativa" (2018, p. 131).

Por isso, para o Direito Administrativo, é possível identificar um regime jurídico formado por diversos princípios, que lhe conferem os contornos. Entre eles, dois princípios específicos são os mais importantes e determinam a formação de todos os outros. São os chamados *princípios nucleares* do regime jurídico administrativo, que guardam entre si uma relação lógica de coerência e unidade e, como dito, sobre os quais se constroem todos os demais princípios e regras aplicáveis ao Direito Administrativo: (a) princípio da supremacia do interesse público sobre o privado e (b) princípio da indisponibilidade, pela Administração, dos interesses públicos.

Quadro 1.2 – Princípios nucleares do regime jurídico administrativo

	Regime jurídico administrativo
Princípios nucleares	Supremacia do interesse público sobre o privado
	Indisponibilidade, pela Administração, dos interesses públicos

Esses dois princípios formam o núcleo do regime jurídico administrativo e estão ambos estruturados em torno do interesse público, que analisaremos adiante.

— 1.3.1 —
Supremacia do interesse público sobre o privado

A supremacia do interesse público sobre o privado é condição essencial de existência da Administração Pública e está diretamente fundada na noção de interesse público, voltado a cumprir os objetivos fundamentais da República Federativa do Brasil inscritos no art. 3º da CF de 1988 (Brasil, 1988).

O princípio da supremacia do interesse público sobre o privado viabiliza à Administração Pública três condições específicas essenciais para que ela possa desempenhar seu papel:

1. **Posição privilegiada do órgão encarregado de zelar pelo interesse público** – Benefícios que a ordem jurídica confere a fim de assegurar conveniente proteção aos interesses públicos (ex.: presunção de veracidade e legitimidade dos atos administrativos, prazos maiores nos processos judiciais etc.).
2. **Posição de supremacia** – Situação de autoridade, como indispensável condição para gerir os interesses públicos.
3. **Restrições ou sujeições especiais para o exercício de atividades de natureza pública** – O exercício de poderes pela Administração está sempre adstrito ao cumprimento dos deveres impostos ao Estado por via do interesse público, que deve sempre prevalecer.

Acórdão em destaque

STJ – Agravo Interno no Agravo em Recurso Especial n. 1.564.887/MT

> ADMINISTRATIVO E PROCESSUAL CIVIL. AGRAVO INTERNO NO AGRAVO EM RECURSO ESPECIAL. AÇÃO DE REINTEGRAÇÃO DE POSSE. OCUPAÇÃO IRREGULAR DE ÁREA PÚBLICA. INDENIZAÇÃO POR BENFEITORIAS. IMPOSSIBILIDADE. MERA DETENÇÃO. JURISPRUDÊNCIA PACÍFICA DO STJ. AGRAVO INTERNO IMPROVIDO.
>
> I. Agravo interno aviado contra decisão que julgara recurso interposto contra *decisum* publicado na vigência do CPC/2015.

II. Na origem, trata-se de Ação de Reintegração de posse, movida pelo Estado de Mato Grosso contra Disveco Ltda. e Kuki Piran, relativa a imóvel que ocuparam, indevidamente, situado em área pública. O Juízo de 1º Grau julgou parcialmente procedente o pedido, para determinar a reintegração de posse do imóvel em favor do Estado, com indenização, ao réu, pelas benfeitorias nele realizadas. O Tribunal de origem, reformando parcialmente a sentença, deu provimento ao recurso do Estado de Mato Grosso, para excluir a indenização, restando prejudicada a Apelação, interposta por Disveco Ltda.

III. É firme a jurisprudência do Superior Tribunal de Justiça no sentido de que "não é cabível o pagamento de indenização por acessões ou benfeitorias, nem o reconhecimento do direito de retenção, na hipótese em que o particular ocupa irregularmente área pública, pois admitir que o particular retenha imóvel público seria reconhecer, por via transversa, a posse privada do bem coletivo, o que não se harmoniza com os princípios da indisponibilidade do patrimônio público e da supremacia do interesse público" (STJ, Resp 1.183.266/PR, Rel. Ministro TEORI ALBINO ZAVASCKI, PRIMEIRA TURMA, DJe de 18/05/2011). Em igual sentido: STJ, AgInt no Resp 1.744.310/SP, Rel. Ministro MAURO CAMPBELL MARQUES, SEGUNDA TURMA, DJe de 16/09/2019; Resp 1.762.597/DF, Rel. Ministro HERMAN BENJAMIN, SEGUNDA TURMA, DJe de 16/11/2018; AgInt no Resp 1.338.825/RJ, Rel. Ministro OG FERNANDES, SEGUNDA TURMA, DJe de 03/04/2018.

> IV. No caso, tendo o Tribunal de origem concluído que "o particular, portanto, nunca poderá ser considerado possuidor de área pública, senão mero detentor, cuja constatação, por si somente, afasta a possibilidade de indenização por acessões ou benfeitorias, pois não prescindem da posse de boa-fé (arts. 1.219 e 1.255.do CC)", não merece reforma o acórdão recorrido, no ponto, por ser consentâneo com o entendimento atual e dominante desta Corte.
>
> V. Agravo interno improvido. (Brasil, 2020b)

Da conjugação da posição privilegiada com a posição de supremacia resulta a **exigibilidade** dos atos administrativos, bem como sua **revogação** por manifestação unilateral de vontade.

Em suma, o regime jurídico administrativo:

- é condição para a existência da Administração;
- realiza e representa o interesse público, constituindo terceiros mediante atos unilaterais (atos administrativos);
- resulta na exigibilidade dos atos administrativos, que são imperativos e dotados de autoexecutoriedade.

Por sua posição de supremacia, a Administração Pública é, assim, dotada de **autotutela**, expressa na possibilidade de revogação, anulação e convalidação dos atos administrativos. Ressaltamos que a autotutela é um exercício de poder que está a serviço de uma função – isto é, a Administração Pública tem um dever ao qual está circunscrita e, portanto, sua liberdade não é plena, mas adstrita às finalidades previamente estabelecidas na Constituição e na lei.

— 1.3.2 —
Indisponibilidade, pela Administração, dos interesses públicos

Os interesses públicos, pela própria qualidade de serem de titularidade da coletividade, não estão à livre disposição, nem sequer da Administração Pública. Ao contrário, esta apenas os representa, pois tem o dever de servir à coletividade. A Administração Pública é, desse modo, o instrumento de consecução e realização do interesse público.

Em outras palavras, a Administração Pública não é titular dos interesses públicos e deles não pode dispor livremente, incumbindo-lhe atendê-los em conformidade com a estrita observância de seus deveres constitucionais.

Acórdão em destaque

STJ – Agravo Interno no Agravo em Recurso Especial n. 1.735.329/RJ

ADMINISTRATIVO. IMÓVEL DE PROPRIEDADE DA UNIÃO. INEXISTÊNCIA DE ATO FORMAL AUTORIZANDO A OCUPAÇÃO DO IMÓVEL PELO PARTICULAR. IRREGULARIDADE. BOA-FÉ QUE NÃO

PODE SER PRESUMIDA. DEVER DE INDENIZAR. EXISTÊNCIA.

1. *In casu*, o acórdão recorrido deferiu a reintegração de posse pleiteada, mas considerou indevido o pagamento da indenização pretendida pelo INSS: "No tocante ao recurso do INSS, pedido de indenização por perdas e danos, resta tal irresignação insubsistente. Com efeito, a Autarquia não logrou demonstrar que, se a invasão do referido imóvel, não tivesse ocorrido, o mesmo estaria rendendo frutos, como bem observou o Magistrado de piso." (fls. 253-254, e-STJ).

2. Sem reexame dos fatos do processo, que seria obstaculizado pela Súmula 7/STJ, mas a partir da simples exposição dos fatos feita pelo acórdão recorrido, verifica-se que a conclusão a que chegou o Tribunal de origem é equivocada, pois jamais se poderia dizer que houve boa-fé na ocupação. Se o particular passa a usar imóvel público sem que houvesse sido formalmente autorizado a tanto, ele está procedendo de forma evidentemente irregular.

3. A eventual omissão do Poder Público Federal em adotar as medidas que seriam cabíveis para se opor à ocupação irregular não transforma o ilícito em lícito, diante do princípio da indisponibilidade do interesse público.

4. Sendo o particular detentor de má-fé, responde por todos os frutos que o proprietário deixou de perceber. E os frutos, em se tratando de imóveis, correspondem aos valores que poderiam ter sido recebidos pelo proprietário.

> 5. Por oportuno, destaca-se que, como se trata de imóvel da União, é aplicável a legislação específica dos bens imóveis da União.
>
> 6. Agravo Interno não provido. (Brasil, 2019a)

A irrenunciabilidade (indisponibilidade) do interesse público por parte da Administração Pública está claramente expressa no art. 2º da Lei n. 9.784, de 29 de janeiro de 1999 (Lei do Processo Administrativo), ao expressar que o processo administrativo deverá atender "a fins de interesse geral, vedada a renúncia total ou parcial de poderes ou competências, salvo autorização em lei" (Brasil, 1999b).

— 1.4 —
Interesse público

Em uma visão habitual, o interesse público constitui-se no interesse do todo, do próprio conjunto social, em uma categoria contraposta ao interesse privado, individual.

Essa leitura, porém, é equivocada, pois ressalta um falso antagonismo entre o interesse das partes e o interesse do todo. Em outras palavras, o interesse do todo contrapor-se-ia, sempre, ao interesse particular.

Na realidade, todavia, o interesse de cada uma das partes compõe o interesse do todo. Assim, *interesse público* é a **dimensão pública dos interesses individuais**, isto é, trata-se de um interesse resultante do conjunto dos interesses que os indivíduos pessoalmente têm quando considerados em sua qualidade de membros da sociedade e pelo simples fato de o serem.

Tem-se, nesse sentido, revelado de forma clara e inequívoca um duplo aspecto consistente em:

1. desmascarar o mito de que os interesses públicos não podem ser defendidos por particulares; e
2. separar os interesses públicos dos meros interesses do Estado.

Chega-se, assim, à concepção segundo a qual o interesse público pode ser primário ou secundário – sendo unicamente verdadeiro interesse público aquele classificado como *primário*.

— 1.4.1 —
Interesse público primário e interesse público secundário

Compreendendo que o interesse público é apenas aquele que serve à coletividade, independentemente de sua coincidência ou não com o interesse do Estado, o autor administrativista italiano Renato Alessi, conforme noticia Celso Antônio Bandeira de Mello (2014), concebeu que há interesses públicos ditos *primários* e interesses meramente *secundários*.

De acordo com Alessi, apenas podem ser defendidos como legítimos interesses públicos aqueles que são verdadeiros interesses coletivos, que representam a real dimensão pública dos interesses individuais. Estes seriam os denominados **interesses**

públicos primários. Todos os outros interesses perseguidos pelo Estado e que não sejam coincidentes com o interesse da coletividade seriam os chamados **interesses públicos secundários** (Bandeira de Mello, 2014).

Ora, se apenas os interesses públicos primários são coincidentes com o interesse da coletividade, apenas estes são os verdadeiros interesses públicos. Isso significa que o interesse público secundário é mero interesse do Estado, e não é verdadeiramente público.

Acórdão em destaque

STJ – Agravo Interno no Agravo em Recurso Especial n. 1.586.289/SC

> TRIBUTÁRIO. AGRAVO INTERNO NO RECURSO ESPECIAL. REINTEGRAÇÃO DE VALORES TRIBUTÁRIOS PARA AS EMPRESAS EXPORTADORAS-REINTEGRA. EXCLUSÃO DA BASE DE CÁLCULO DO IRPJ E CSLL. RECURSO ESPECIAL DA FAZENDA NACIONAL A QUE SE NEGA PROVIMENTO.
>
> 1. A aplicação do sistema de incentivo aos exportadores amplia os lucros das empresas exportadoras. Se não ampliasse, não haveria interesse nem em conceder, nem em utilizar. O interesse é que move ambas as partes, o Fisco e o contribuinte; neste caso, o Fisco tem o interesse de dinamizar as exportações, por isso concede o benefício, e os exportadores têm o interesse de auferir

maiores lucros na atividade exportadora, por isso reivindicam o benefício. Isso é absolutamente básico e dispensável de qualquer demonstração.

2. Nesse sentido, deve o legislador haver ponderado que, no propósito de menor tributação, a satisfação do interesse público primário – representado pelo desenvolvimento econômico, pela geração de emprego e de renda, pelo aumento de capacidade produtiva etc. – preponderaria sobre a pretensão fiscal irrestrita, exemplo clássico de interesse público secundário. A propósito, já decidiu a Primeira Turma que a inclusão de valores relativos a créditos fictos de IPI na base de cálculo do IRPJ e da CSLL teria o condão de esvaziar, ou quase, a utilidade do instituto, assim anulando, ou quase, o objetivo da política fiscal desoneradora, que é aliviar a carga tributária, isso porque o crédito ficto de IPI se destina a ressarcir custos suportados indiretamente pela empresa exportadora, na compra de matérias-primas e insumos no mercado interno, submetidos que foram à tributação que não incide no caso de vendas destinadas ao Exterior, inviabilizando o procedimento compensatório (Resp. 1.210.941/RS, Rel. Min. BENEDITO GONÇALVES, Rel. p/Acórdão Min. NAPOLEÃO NUNES MAIA FILHO, DJe 14.11.2014).

3. Os fundamentos adotados para afastar a incidência do IRPJ e da CSLL sobre o crédito presumido de IPI têm aplicação ao caso dos autos, haja vista a identidade da natureza e finalidade do benefício fiscal do REINTEGRA,

> qual seja, incentivo estatal na forma de recuperação dos custos tributários incidente na exportação de produtos.
>
> 4. Recurso Especial da FAZENDA NACIONAL não provido.
>
> (Brasil, 2020a)

Essa concepção, amplamente defendida no Brasil por Celso Antônio Bandeira de Mello (2014), constitui grande avanço na compreensão do interesse público, sobretudo por ligá-lo à noção de *função administrativa*, pela qual o Estado submete-se à ordem jurídica (Constituição, leis e atos infralegais) no cumprimento de seus objetivos.

Não é, todavia, uma concepção suficiente, pois não identifica com precisão o verdadeiro conteúdo do interesse público nem o conceitua adequadamente (mantendo a conceituação vaga de interesse "da coletividade").

Necessário, pois, um passo a mais para o aprofundamento do conceito.

— 1.4.2 —
Aprofundamento do conceito: concepção negativa (excludente) de interesse público

A partir da constatação de que o interesse público é conceito jurídico indeterminado, há de se empreender esforço para sua determinação. Nesse sentido, para precisar melhor o âmbito do referido conceito, é fundamental anotar e sublinhar aquilo que o interesse público **não é**, aprofundando a noção já construída por Renato Alessi e defendida por Celso Antônio Bandeira de Mello (2014), a qual aparta o interesse público primário do interesse público secundário. Vejamos:

- **Interesse público não se confunde com interesse do Estado** – O interesse público não é exclusivo do Estado, visto que existem também interesses públicos não estatais, como, por exemplo, aqueles do terceiro setor. O Estado, na visão funcional, existe para satisfazer às necessidades coletivas, é instrumento de realização dos interesses públicos. O interesse público, portanto, existe antes do Estado, e nenhum interesse privado pode ser atribuído a ele.

- **Interesse público não se confunde com interesse do aparato administrativo** – Bem por isso, nenhum interesse público pode ser configurado como conveniência egoística da Administração Pública, pois o chamado *interesse secundário* não é público. Para Marçal Justen Filho (2016), nem mesmo são interesses, mas meras conveniências circunstanciais, alheias ao Direito.

- **Interesse público não se confunde com o interesse do agente público** – Se o interesse público não pode ser identificado com o interesse do Estado ou mesmo da Administração Pública, muito menos pode o exercício da função pública ser afetado pelos interesses privados do agente público.

- **Interesse público não é a soma do interesse privado de todos os cidadãos nem o interesse da maioria** – Para que o interesse público fosse a soma de todos os interesses privados, teria de se obter a totalidade de interesses privados, e a unanimidade é impossível. Para que se considerasse como o interesse da maioria, o conceito conduziria à opressão (porque existem interesses coletivos que continuam a ser privados, como, por exemplo, o gosto pelo futebol). Tal reflexão leva à constatação de que o conceito de interesse público não tem conteúdo próprio.
- **O interesse público não é único e inquestionável** – Existem diversos interesses públicos, inclusive em conflito entre si, de modo que a decisão final não pode ser um "somatório de interesses". Não há um único e inquestionável interesse público, por exemplo, quando a ampliação de uma avenida atingir área habitada por pessoas carentes, ou atingir reserva ecológica ou, ainda, sítios arqueológicos de inestimável valor.

O regime jurídico administrativo não deriva de razões puramente técnicas, mas de **razões éticas**, estruturadas em torno dos direitos fundamentais, cujo núcleo básico é o princípio da dignidade da pessoa humana. Nesse sentido, a personalização do Direito Administrativo leva a entender que a Administração Pública não é um valor em si mesma, sendo sua diretriz básica a democracia e o respeito aos direitos fundamentais – nos quais se assenta o interesse público, que deve ser determinado caso a caso, pelo sopesamento dos fatos e princípios envolvidos na situação concreta, sempre com vistas à realização da dignidade da pessoa humana e dos direitos fundamentais como um todo.

— 1.5 —
Bens públicos

Para que a Administração Pública possa atuar e efetivar as tarefas que lhe são impostas pelo regime jurídico administrativo, realizando o interesse público, é necessária a existência de meios materiais, consubstanciados em bens públicos.

Assim, conforme definição de Marçal Justen Filho (2016, p. 1.452), *bens públicos* são "os bens jurídicos atribuídos à titularidade do Estado, submetidos a regime jurídico de direito público, necessários ao desempenho das funções públicas ou merecedores de proteção especial".

— 1.5.1 —
Regime jurídico dos bens públicos

Por serem os bens públicos necessários à utilização, pela Administração Pública, para a consecução de sua específica função ou, ainda, por serem bens de capital importância e que merecem especial proteção por parte do Estado, são objeto de um regime jurídico específico, o qual guarda características próprias.

O regime jurídico ora mencionado claramente é um regime jurídico de direito público, orientado pela realização dos direitos fundamentais que estão no centro da função administrativa, significando, portanto, que tal regime é marcado por fortes restrições à incidência de institutos e normas oriundos do direito privado. Assim, sua marca é dada por características muito específicas, grafadas nos arts. 100 a 102 do Código Civil – Lei n. 10.406, de 10 de janeiro de 2002 (Brasil, 2002a). Vejamos:

- **Inalienabilidade** – Decorrência da indisponibilidade dos interesses públicos, também os bens públicos mantêm uma esfera de indisponibilidade, significando que não podem ser alienados a qualquer tempo pela Administração Pública, a não ser em condições muito específicas, que serão examinadas com mais detalhes adiante.

- **Impenhorabilidade** – Também decorrente de sua indisponibilidade, a qual se traduz na impossibilidade de alienação, os bens públicos são impenhoráveis, não podendo servir para a satisfação de eventuais créditos existentes contra o Estado. Para isso, há disciplina própria dos precatórios, insculpida no art. 100 da CF de 1988.

- **Imprescritibilidade** – Como última característica do regime que informa os bens públicos, a imprescritibilidade significa a impossibilidade de aquisição, pelo particular, de qualquer bem público por via da usucapião, vedação que se encontra tanto no Código Civil (art. 100) quanto na CF de 1988 (arts. 183, parágrafo 3º, e 191, parágrafo único).

— 1.5.2 —
Classificação dos bens públicos

Classificam-se os bens públicos, conforme a disciplina do art. 99 do Código Civil, em bens de uso comum do povo, bens de uso especial e bens dominicais ou dominiais.

Norma em destaque

Código Civil, art. 99

Art. 99. São bens públicos:

I – os de uso comum do povo, tais como rios, mares, estradas, ruas e praças;

II – os de uso especial, tais como edifícios ou terrenos destinados a serviço ou estabelecimento da administração federal, estadual, territorial ou municipal, inclusive os de suas autarquias;

III – os dominicais, que constituem o patrimônio das pessoas jurídicas de direito público, como objeto de direito pessoal, ou real, de cada uma dessas entidades. (Brasil, 2002a)

- **Bens de uso comum do povo** – São, nas palavras de Marçal Justen Filho (2016, p. 1.465), "os bens necessários ou úteis à existência de todos os seres vivos, que não podem ou não devem ser submetidos à fruição privativa de ninguém". Estão incluídos nessa categoria bens que merecem uma proteção diferenciada em razão da necessidade de preservação ambiental.

- **Bens de uso especial** – São aqueles afetados ao uso de um serviço público ou estabelecimento específico.
- **Bens dominicais ou dominiais** – São aqueles que, de propriedade do Estado, não estão afetados a qualquer uso especial nem caracterizados como bens de uso comum do povo.

Acórdão em destaque

STJ – Recurso Especial n. 1.590.022/MA

ADMINISTRATIVO. PROCESSUAL CIVIL. IMÓVEL. PROPRIEDADE DA UNIÃO. TRANSFERÊNCIA ENTRE PARTICULARES. OBRIGATORIEDADE DO PAGAMENTO DO LAUDÊMIO E OBTENÇÃO DE CERTIDÃO DA SECRETARIA DO PATRIMÔNIO DA UNIÃO – SPU. ESSÊNCIA DO ATO. NATUREZA DE DIREITO PÚBLICO E PRIVADO. INTERESSE PÚBLICO. AUSÊNCIA DE OMISSÃO. ART. 535, II, DO CPC.

[...]

2. Trata a presente demanda de pedido de anulação de contrato de compra e venda de imóvel entabulado e registrado pelos requeridos no Cartório do Registro Geral de Imóveis da 1ª Circunscrição de São Luis/MA sem o prévio recolhimento do laudêmio, em quantia

correspondente a 5% do valor atualizado do domínio pleno e das benfeitorias.

3. O acórdão recorrido não vislumbrou prejuízo ao patrimônio público, porque a irregularidade formal do contrato não atingiria a essencialidade do ato de compra e venda. Ademais, o valor devido do laudêmio poderia ser cobrado posteriormente através de Ação de Execução.

4. Os bens públicos podem ser classificados como bens de uso comum do povo, bens de uso especial e bens dominicais. A diferença principal entre eles reside no fato de que as duas primeiras espécies possuem destinação pública, enquanto a terceira não a possui.

5. Os terrenos pertencentes à União são bens públicos, apesar de os bens dominicais terem destinação precipuamente particular. Seguindo o escólio da ilustre professora Maria Sylvia Zanella Di Pietro, que alerta, em sua obra Direito Administrativo, 5ª edição, ed. Atlas, pg. 425, que "o regime dos bens dominicais é parcialmente público e parcialmente privado". Por isso, devemos ter consciência de que a sua natureza não é exclusivamente patrimonial, pois a Administração Pública não deseja apenas auferir renda, mas, também observar o interesse coletivo representado pelo domínio direto do imóvel.

6. Conforme explicitado os bens dominicais possuem especificidades com relação à propriedade privada, que é regulada exclusivamente pelo Código Civil. Dentre elas, existe o direito de transferir onerosamente o domínio útil do imóvel mediante o pagamento de laudêmio, pois

se trata, como dito alhures, de uma relação de natureza híbrida. Portanto, o contrato de compra e venda desses imóveis devem revestir formalidades sem as quais desnaturam a sua natureza jurídica.

7. Não é somente o pagamento do laudêmio que diferencia essa espécie de transferência onerosa entre vivos, mas, e, principalmente, a autorização da união para a realização do negócio jurídico. Como se trata de bem público de interesse da União, ela deve acompanhar de perto, através da Secretaria de Patrimônio da União, a realização de sua transferência, pois, como dispõe a lei, pode ocorrer a vinculação do imóvel ao serviço público. Precedente: Resp 1.201.256/RJ, Rel. Ministro Benedito Gonçalves, Primeira Turma, DJe 22/2/2011.

8. Os Cartórios de Registro de Imóveis têm a obrigação de não lavrar nem registrar escrituras relativas a bens imóveis de propriedade da União sem a certidão da Secretaria do Patrimônio da União – SPU, sob pena de responsabilidade dos seus titulares.

9. Recurso Especial parcialmente conhecido e, nessa parte, provido. (Brasil, 2016b)

Em suma, como visto, classificam-se os bens públicos em três espécies: aqueles de uso comum do povo, os de uso especial e, finalmente, os dominicais ou dominiais.

— 1.5.3 —
Afetação e desafetação de bens públicos

A afetação e a desafetação de bens públicos são institutos fundamentais para se compreender o regime jurídico de tais bens.

A*fetar* um bem público significa dar-lhe uma destinação específica, gravar o bem com uma qualidade especial que identificará seu uso. Marçal Justen Filho (2016, p. 1.475) conceitua a **afetação** como a "subordinação de um bem a regime jurídico diferenciado, aplicado em vista da destinação do bem à satisfação das necessidades coletivas e estatais, do que deriva inclusive a sua inalienabilidade".

Para a classificação estabelecida pelo Código Civil no art. 99, portanto, compreender o que significa "afetar um bem a uma finalidade" é essencial, pois aí reside a diferença entre os bens ditos de uso especial e aqueles dominiais.

A **desafetação**, por outro lado, representa o movimento contrário, isto é, retirar do bem público aquela destinação especial que lhe havia sido conferida.

— 1.5.4 —
Aquisição e alienação de bens públicos

A **aquisição** de bens pela Administração Pública pode ocorrer por qualquer das formas previstas no direito privado (compra e venda, doação, permuta etc.) ou no direito público (desapropriação e determinação legal).

Por sua vez, a **alienação** de bens públicos deve ser precedida da adequada desafetação (se for o caso) e de licitação (realizada após a avaliação do bem), além da necessária autorização legislativa, frequentemente explícita e raras vezes implícita.

Acórdão em destaque

STJ – Agravo Interno no Agravo em Recurso Especial n. 815.473/SP

CIVIL E PROCESSUAL CIVIL. AGRAVO INTERNO NO AGRAVO EM RECURSO ESPECIAL. MATÉRIA CONSTITUCIONAL. APRECIAÇÃO PELO STJ. IMPOSSIBILIDADE. ALEGAÇÃO DE DESAFETAÇÃO DO IMÓVEL USUCAPIENDO. FALTA DE PREQUESTIONAMENTO. SÚMULAS N. 282 E 356 DO STF. USUCAPIÃO DE BEM PÚBLICO. IMPOSSIBILIDADE. SÚMULA N. 83/STJ. REEXAME DO CONJUNTO FÁTICO-PROBATÓRIO DOS AUTOS. INADMISSIBILIDADE. INCIDÊNCIA DAS SÚMULAS N. 5 E 7 DO STJ. AUSÊNCIA DE IMPUGNAÇÃO A FUNDAMENTOS DA DECISÃO AGRAVADA. SÚMULA N. 182 DO STJ. PEDIDOS DE INDENIZAÇÃO DE BENFEITORIAS ERGUIDAS EM IMÓVEL PÚBLICO E DE RETENÇÃO DO BEM. DESCABIMENTO. SÚMULA N. 83/STJ. DISSÍDIO JURISPRUDENCIAL NÃO COMPROVADO. DECISÃO MANTIDA.

[...]

3. Consoante entendimento desta Corte, "a Súmula 340/STF orienta que, desde a vigência do Código Civil de 1916, os bens dominicais, como os demais bens públicos, não podem ser adquiridos por usucapião" (Resp n. 1.090.847/RS, Relator Ministro LUIS FELIPE SALOMÃO, QUARTA TURMA, julgado em 23/4/2013, DJe 10/5/2013).

4. Estando o acórdão recorrido em consonância com a jurisprudência do STJ, incide a Súmula n. 83/STJ, que se aplica a recursos interpostos com base tanto na alínea "a" quanto na alínea "c" do permissivo constitucional.

5. O recurso especial não comporta o exame de questões que impliquem interpretação de cláusula contratual ou revolvimento do contexto fático-probatório dos autos (Súmulas n. 5 e 7 do STJ).

6. No caso concreto, para alterar a conclusão do Tribunal de origem e acolher a pretensão recursal de se declarar a usucapião do imóvel litigioso seria imprescindível nova análise da matéria fática, vedada em recurso especial.

7. É inviável o agravo previsto no art. 1.021 do CPC/2015 que deixa de atacar especificamente os fundamentos da decisão agravada (Súmula n. 182/STJ).

8. Segundo a jurisprudência do STJ, "a ocupação de bem público, embora dela possam surgir interesses tuteláveis, é precária. [...] 3. A retomada de bem público pelo legítimo titular do domínio não enseja o pagamento de indenização pelas acessões e benfeitorias realizadas" (Resp n. 1.025.552/DF, Relator Ministro RAUL ARAÚJO, Relatora p/ Acórdão Ministra MARIA ISABEL GALLOTTI,

> QUARTA TURMA, julgado em 4/4/2017, DJe 23/5/2017, DJe 18/5/2017). Além disso, "na hipótese em que o particular ocupa irregularmente área pública, pois, como o imóvel público é insuscetível de usucapião, nos termos do artigo 183, § 3º, da CF, "o particular jamais poderá ser considerado possuidor, senão mero detentor, sendo irrelevante falar-se em posse de boa ou má-fé" (EDcl no Resp n. 1.717.124/SP, Relator Ministro FRANCISCO FALCÃO, SEGUNDA TURMA, julgado em 26/3/2019, DJe 29/3/2019). Incidência da Súmula n. 83/STJ.
>
> 9. O conhecimento do recurso pela alínea "c" do permissivo constitucional exige a indicação do dispositivo legal ao qual foi atribuída interpretação dissonante e a demonstração da divergência, mediante o cotejo analítico do acórdão recorrido e dos arestos paradigmas, de modo a se verificarem as circunstâncias que assemelhem ou identifiquem os casos confrontados (arts. 255, §§ 1º e 2º, do RISTJ e 1.029, § 1º, do CPC/2015). Ausentes tais requisitos, incide a Súmula n. 284/STF.
>
> 10. Agravo interno a que se nega provimento. (Brasil, 2019d)

Desse modo, percebemos que a aquisição de bens pela Administração Pública pode ocorrer mediante uma amplitude de meios e formas bastante variada, ao passo que a alienação dos bens públicos segue regras mais estritas, voltadas ao cumprimento e à manutenção do interesse público envolvido.

— 1.5.5 —
Utilização dos bens públicos pelos administrados

Sobre a utilização dos bens públicos pelos administrados, Marçal Justen Filho (2016, p. 1.489-1.490) assim esclarece:

> A regra é que os bens de uso comum do povo sejam utilizáveis por todos do povo, diversamente do que se passa com os bens de uso especial. Quanto a esses, a regra é a utilização exclusiva pela Administração Pública. Por fim, os bens dominicais podem ser usados pela Administração inclusive para a obtenção de resultados econômicos, o que supõe a possibilidade de uso pelos particulares.

Identificam-se, pois, duas possibilidades de uso dos bens públicos pelos particulares:

1. **Uso normal ou ordinário** – Nem todos os bens públicos podem ser utilizados pelos particulares, pois o uso de alguns poderia importar sua destruição (por exemplo, bens considerados como integrantes do patrimônio natural ou cultural), ao passo que outros devem ter utilização limitada e condicionada, visando preservar a igualdade da fruição e a integridade do bem (por exemplo, bens naturais que representam recursos essenciais, como a água ou a flora de dada região). Outros, por sua natureza, comportam utilização

corrente (por exemplo, prédios públicos). Todas essas hipóteses de utilização, ainda que restritas, constituem uso normal ou ordinário.

2. **Uso anormal ou extraordinário** – Há casos, porém, em que a fruição de dados bens por um particular exclui o benefício de outrem, especialmente quando tal situação importa a obtenção de vantagens econômicas. Nesse caso, está-se diante de uma utilização anormal ou extraordinária, o que ensejará a concessão, a permissão ou a autorização de uso, por via das quais a Administração Pública verificará e controlará a possibilidade e a intensidade da exploração do bem pelo particular.

Nos casos de utilização do bem público pelo particular, pode-se estabelecer como contrapartida a remuneração pelo uso, que terá função: (a) compensatória, nos casos em que a fruição acarreta despesas de manutenção do bem para a Administração; (b) regulatória, nas situações em que se usa o preço como mecanismo econômico para possibilitar e regular o acesso utilidades limitadas; e (c) redistributiva, quando a remuneração destina-se a redistribuir parte das riquezas geradas pela exploração econômica do bem resultante em acúmulo de riquezas.

Capítulo 2

Princípios do Direito Administrativo

Os princípios fundamentais que embasam a Constituição Federal (CF) de 1988 e determinam em que direção o Estado deve seguir são gerais e abstratos. Assim, aludir à dignidade da pessoa humana ou à promoção do bem de todos, por exemplo, significa tratar de ideias e ideais que precisam ser realizados concretamente. Para isso, como já anotamos no capítulo anterior, a CF de 1988 conforma a Administração Pública em uma série de outros princípios, voltados exatamente para permitir que a Administração Pública possa realizar as tarefas que lhe são entregues pelos princípios fundamentais. Esses princípios compõem, como já explicamos, o regime jurídico administrativo, que encontra seu núcleo em dois princípios implícitos de grande relevância: a supremacia do interesse público sobre o particular e a indisponibilidade, pela Administração, dos bens públicos. Cabe, aqui, relembrá-los:

- **Supremacia do interesse público sobre o particular** – O interesse público sempre deve prevalecer sobre o interesse particular. Se a Administração deve prover o bem de todos, o que está em jogo não é o interesse de uma pessoa ou de um grupo, mas um interesse da coletividade, chamado de *interesse público*, e por ele a Administração deve zelar.
- **Indisponibilidade dos bens públicos** – Os bens públicos são voltados ao serviço da coletividade e, portanto, a Administração não pode utilizá-los como se fossem particulares, vendendo-os ou negociando-os a seu bel prazer. Ao contrário, exatamente porque esses bens existem em função de uma sociedade, devem ser indisponíveis, inegociáveis.

Além desses dois princípios nucleares, diversos outros orientam o atuar administrativo. Entre eles, cinco princípios encontram previsão expressa no *caput* do art. 37 da CF de 1988, são eles: legalidade, impessoalidade, moralidade, publicidade e eficiência.

Norma em destaque

Constituição Federal de 1988, art. 37, *caput*

Art. 37. A administração pública direta e indireta de qualquer dos Poderes da União, dos Estados, do Distrito Federal e dos Municípios obedecerá aos princípios de legalidade, impessoalidade, moralidade, publicidade e eficiência e, também, ao seguinte: (Brasil, 1988)

Antes de mergulharmos em seu estudo mais aprofundado, vamos fazer uma primeira aproximação a partir de um olhar panorâmico sobre esses princípios.

- **Legalidade** – É princípio absolutamente essencial para a Administração Pública e significa que a Administração deve fazer tudo o que a lei determinar. A Administração tem de observar a lei, não pode desrespeitá-la. Esse princípio é fundamental para garantir que a Administração Pública cumpra com seus desígnios. Pense bem: as leis são feitas pelo Poder Legislativo, que é composto por representantes do povo, eleitos democraticamente, refletindo os desejos da população, e a obrigatoriedade de que a Administração cumpra a lei significa que ela deve seguir exatamente o que o povo determinou. Nada mais, nada menos.

- **Impessoalidade** – Esse princípio aponta para o comportamento da Administração, que deve sempre ser impessoal. De fato, se você pensar bem, a Administração não pode favorecer uma pessoa em detrimento das outras: todos devem ser tratados igualmente, designando-se a cada qual a mesma importância. Se fosse diferente, alguns obteriam da Administração favores que não são reservados a outras pessoas.
- **Moralidade** – Significa que a conduta da Administração Pública deve orientar-se sempre pela moralidade, evitando-se negócios escusos, pois, se assim fosse, certas pessoas ou certos grupos acabariam privilegiados (ferindo-se, então, não apenas a moralidade, mas também a impessoalidade).
- **Publicidade** – Todos os atos administrativos devem ser públicos. A Administração não pode fazer nada às escondidas: sua função é demasiada importante para que os atos administrativos sejam secretos, isto é, para que sejam ocultados dos administrados. Diversamente, os atos administrativos devem ser todos praticados às claras, de modo que o acesso a eles seja fácil a qualquer cidadão que sobre tais atos tenha interesse – sendo possível submetê-los a controle, se assim for necessário. Portanto, o princípio da publicidade visa permitir que os atos administrativos possam ser controlados.

- **Eficiência** – Os atos da Administração devem primar pela eficiência. Diferentemente da propriedade particular, a Administração não pode fazer o que quiser com a propriedade pública: deve usá-la de modo a tirar dela o maior proveito possível. Isso significa agir sempre tomando em conta a relação custo-benefício.

Para melhor recordar esses princípios explícitos, inscritos no *caput* do art. 37 da CF de 1988 e frequentemente cobrados em concursos e provas dos mais diferentes gêneros, utilizam-se comumente as letras iniciais de cada princípio, compondo o mnemônico LIMPE:

Legalidade
Impessoalidade
Moralidade
Publicidade
Eficiência

Faremos, agora, um estudo mais completo dos princípios que marcam o regime jurídico administrativo, a começar pela legalidade.

— 2.1 —
Princípio da legalidade

Já salientamos que o centro do regime jurídico administrativo é o interesse público, existente para o cumprimento do princípio da dignidade da pessoa humana, e que, em sua atuação, a Administração Pública vale-se do princípio da supremacia do interesse público sobre o particular. Mas, para que essa atuação possa ocorrer, a Administração deve comportar-se não apenas em conformidade com a lei, mas segundo a prescrição legal. Portanto, o comportamento da Administração Pública é aquele definido e delimitado pela lei, e, por isso, alguns autores afirmam, inclusive, que a vontade da Administração é a vontade da lei.

Nesse sentido, a Administração Pública está, de todo, submissa à lei. Isso não quer dizer, claro, que não possa haver um espaço de decisão administrativa, denominada *discricionariedade*. Essas decisões, porém, como analisaremos adiante, estão delimitadas pela lei e a ela não podem ferir, sob pena de invalidade do ato administrativo que assim o fizer.

A estruturação do princípio da legalidade, em nossa Constituição, decorre diretamente da legitimidade democrática do Estado de Direito, expressa no parágrafo único do art. 1º: "Todo o poder emana do povo, que o exerce por meio de representantes eleitos ou diretamente, nos termos desta Constituição" (Brasil, 1988). Isso significa, em outras palavras, que o exercício de poder é feito na conformidade da lei para cumprir aqueles deveres que são designados na decisão constitucional.

No âmbito do Direito Administrativo, a imposição do princípio da legalidade deflui do art. 5º, inciso II – "ninguém será obrigado a fazer ou deixar de fazer alguma coisa senão em virtude de lei" – e do art. 37, que o prevê de forma expressa – "A administração pública direta e indireta de qualquer dos Poderes da União, dos Estados, do Distrito Federal e dos Municípios obedecerá aos princípios de legalidade, impessoalidade, moralidade, publicidade e eficiência e, também, ao seguinte" (Brasil, 1988).

Mas o princípio da legalidade é delineado por restrições, que lhe dão os exatos contornos. Vejamos:

- **Medidas provisórias** – Previstas no art. 62 da Constituição, as medidas provisórias constituem-se em atividade legislativa do Poder Executivo. Restringem a legalidade em alguns pontos (previstos constitucionalmente), porém não apresentam exceção a ela, visto que têm natureza diversa, pois são essencialmente excepcionais, efêmeras e precárias.

Norma em destaque

Constituição Federal de 1988, art. 62

Art. 62. Em caso de relevância e urgência, o Presidente da República poderá adotar medidas provisórias, com força de lei, devendo submetê-las de imediato ao Congresso Nacional.

§ 1º É vedada a edição de medidas provisórias sobre matéria:

I – relativa a:

a) nacionalidade, cidadania, direitos políticos, partidos políticos e direito eleitoral;

b) direito penal, processual penal e processual civil;

c) organização do Poder Judiciário e do Ministério Público, a carreira e a garantia de seus membros;

d) planos plurianuais, diretrizes orçamentárias, orçamento e créditos adicionais e suplementares, ressalvado o previsto no art. 167, § 3º;

II – que vise a detenção ou sequestro de bens, de poupança popular ou qualquer outro ativo financeiro;

III – reservada a lei complementar;

IV – já disciplinada em projeto de lei aprovado pelo Congresso Nacional e pendente de sanção ou veto do Presidente da República.

§ 2º Medida provisória que implique instituição ou majoração de impostos, exceto os previstos nos arts. 153, I, II, IV, V, e 154, II, só produzirá efeitos no exercício financeiro seguinte se houver sido convertida em lei até o último dia daquele em que foi editada.

§ 3º As medidas provisórias, ressalvado o disposto nos §§ 11 e 12 perderão eficácia, desde a edição, se não forem convertidas em lei no prazo de sessenta dias, prorrogável, nos termos do § 7º, uma vez por igual período, devendo o Congresso Nacional disciplinar, por decreto legislativo, as relações jurídicas delas decorrentes.

§ 4º O prazo a que se refere o § 3º contar-se-á da publicação da medida provisória, suspendendo-se durante os períodos de recesso do Congresso Nacional.

§ 5º A deliberação de cada uma das Casas do Congresso Nacional sobre o mérito das medidas provisórias dependerá de juízo prévio sobre o atendimento de seus pressupostos constitucionais.

§ 6º Se a medida provisória não for apreciada em até quarenta e cinco dias contados de sua publicação, entrará em regime de urgência, subsequentemente, em cada uma das Casas do Congresso Nacional, ficando sobrestadas, até que se ultime a votação, todas as demais deliberações legislativas da Casa em que estiver tramitando.

§ 7º Prorrogar-se-á uma única vez por igual período a vigência de medida provisória que, no prazo de sessenta dias, contado de sua publicação, não tiver a sua votação encerrada nas duas Casas do Congresso Nacional.

§ 8º As medidas provisórias terão sua votação iniciada na Câmara dos Deputados.

§ 9º Caberá à comissão mista de Deputados e Senadores examinar as medidas provisórias e sobre elas emitir parecer, antes de serem apreciadas, em sessão separada, pelo plenário de cada uma das Casas do Congresso Nacional.

§ 10 É vedada a reedição, na mesma sessão legislativa, de medida provisória que tenha sido rejeitada ou que tenha perdido sua eficácia por decurso de prazo.

> § 11 Não editado o decreto legislativo a que se refere o § 3º até sessenta dias após a rejeição ou perda de eficácia de medida provisória, as relações jurídicas constituídas e decorrentes de atos praticados durante sua vigência conservar-se-ão por ela regidas.
>
> § 12 Aprovado projeto de lei de conversão alterando o texto original da medida provisória, esta manter-se-á integralmente em vigor até que seja sancionado ou vetado o projeto. (Brasil, 1988)

- **Estado de defesa** – Previsto no art. 136 da CF de 1988, é decretado pelo presidente da República, após ouvidos o Conselho da República e o Conselho de Defesa Nacional, no intuito de "preservar ou prontamente restabelecer, em locais restritos e determinados, a ordem pública ou a paz social ameaçadas por grave e iminente instabilidade institucional ou atingidas por calamidades de grandes proporções na natureza" (Brasil, 1988).
- **Estado de sítio** – Previsto no art. 137 da CF de 1988, o presidente da República deve solicitar sua decretação ao Congresso Nacional, após haver ouvido o Conselho da República e o Conselho de Defesa Nacional, nas hipóteses de "I–comoção grave de repercussão nacional ou ocorrência de fatos que comprovem a ineficácia de medida tomada durante o estado de defesa; II–declaração de estado de guerra ou resposta a agressão armada estrangeira" (Brasil, 1988).

Correntes doutrinárias mais recentes, como a representada por Juarez Freitas (2009), têm defendido a ideia de **legalidade temperada**. Para o autor,

> O princípio da legalidade só experimenta significado na interação com os demais princípios e direitos fundamentais. Quer dizer, pensar o Direito Administrativo exclusivamente como mero conjunto de regras legais seria subestimar, de forma ruinosa, a complexidade do fenômeno jurídico-administrativo. (Freitas, 2009, p. 72).

Isto é, na visão de Freitas (2009), a legalidade não pode se reduzir a mero legalismo.

Acórdão em destaque

STF - Agravo Regimental na Ação Cível Originária n. 2.674/AP

1. Em razão de expressa determinação constitucional, na medida em que a atuação da administração pública é pautada pelo princípio da legalidade (CF, art. 37, caput), inexiste, em princípio, qualquer ilegalidade na atuação da União em proceder à inscrição do órgão ou ente nos cadastros de restrição.

> 2. A anotação de ente federado em tais cadastros exige a prévia e efetiva observância do devido processo legal, em suas dimensões material e processual. [...] (Brasil, 2017d)

Assim, a legalidade é princípio central da Administração Pública, orientando e plasmando toda sua atuação. Mesmo um sentido mais flexível, temperado, de legalidade, como defendem certas correntes contemporâneas, não autoriza a Administração a comportar-se de modo avesso às prescrições legais. Temperada ou não, a legalidade é basilar e, em última análise, a ela a Administração deve curvar-se.

— 2.2 —
Princípio da finalidade

O princípio da finalidade enuncia que a Administração deve sempre adscrever-se à finalidade normativa. É possível imaginar, com tal conceito, que o princípio da finalidade seja mera decorrência do princípio da legalidade, mas, na verdade, é uma inerência dele, está nele contido.

Isto é, segundo o princípio da finalidade, deve-se aplicar a lei tal qual ela é, sob pena de se incorrer em desvio de poder ou desvio de finalidade do ato administrativo, gerando ato nulo.

— 2.3 —
Princípio da impessoalidade

Inscrito no *caput* do art. 37 da CF de 1988, o princípio da impessoalidade significa que a Administração deve tratar a todos igualmente, de forma impessoal, sem fazer quaisquer distinções em razão de qualquer característica. Isso significa que todos têm os mesmos direitos e os mesmos deveres para a Administração. Ninguém pode ser especificamente beneficiado ou prejudicado pela Administração, pois não é a pessoalidade que orienta seu atuar, mas o interesse público. É o que se deflui da Ação Direta de Inconstitucionalidade n. 4.259/PB do Supremo Tribunal Federal (STF):

> AÇÃO DIRETA DE INCONSTITUCIONALIDE. DIREITO TRIBUTÁRIO. INCENTIVO FISCAL. ESPORTES. AUTOMOBILISMO. IGUALDADE TRIBUTÁRIA. PRIVILÉGIO INJUSTIFICADO. IMPESSOALIDADE. LEI 8.736/09 DO ESTADO DA PARAÍBA. PROGRAMA "ACELERA PARAÍBA". MEDIDA CAUTELAR DEFERIDA.
>
> 1. A Lei estadual 8.736/2009 singulariza de tal modo os beneficiários que apenas uma única pessoa se beneficiaria com mais de 75% dos valores destinados ao programa de incentivo fiscal, o que representa evidente violação aos princípios da igualdade e da impessoalidade.

2. A simples fixação de condições formais para a concessão de benefício fiscal não exime o instrumento normativo de resguardar o tratamento isonômico no que se refere aos concidadãos. (Brasil, 2016c)

Acórdão em destaque

STF – Ação Direta de Inconstitucionalidade n. 4.180/DF

Inicialmente, impede reconhecer que o art. 2º da Lei distrital 3.189/2003, ao exigir a destinação de verba pública ao custeio de evento particular, com fins lucrativos, sem a necessária contrapartida [...], desatende ao princípio republicano e à impessoalidade administrativa. Como bem afirmou o advogado-geral da União, "a destinação de verbas públicas para o custeio de evento cultural tipicamente privado, sem amparo no regime jurídico-administrativo, traduz-se em favorecimento a segmento social determinado, incompatível, portanto, com o interesse público e com os preceitos constitucionais da impessoalidade e da moralidade administrativa (art. 37, *caput*, da Constituição da República)".

Ademais, constato que a inconstitucionalidade material também alcança o art. 1º, o qual dispõe sobre a inclusão "no calendário de eventos oficiais do Distrito Federal o *Brasília Music Festival*, a ser realizado anualmente, preferencialmente no mês de setembro". Isso porque o referido artigo, apesar de parecer irrelevante, concede ao particular especificamente envolvido

> favorecimento desproporcional, ao assegurar, por exemplo, seja seu evento divulgado por propaganda oficial, o que não se coaduna com os princípios da impessoalidade administrativa.
>
> Faz-se necessário ressaltar que, na hipótese, em que pese a roupagem supostamente geral dos arts. 1º e 2º da Lei 3.189/2003, tem-se que, na realidade, ambos possuem destinatário muito específico. É que o *Brasília Music Festival*, ao contrário do que se depreende de leitura imediata do diploma legislativo, é evento previamente idealizado e planejado por um único e conhecido empreendedor particular, o qual poderá, de forma indeterminada no tempo, organizar seu evento com exclusividade e apoio financeiro direto do Governo do Distrito Federal. (Brasil, 2014c)

O princípio da impessoalidade, em síntese, busca garantir que o agir administrativo se afaste das concessões de privilégios que possam produzir e aprofundar desigualdades entre os administrados. Trata-se de decorrência ética da isonomia, que impõe ao Estado tratamento homogêneo aos administrados.

— 2.4 —
Princípio da publicidade

De acordo com o princípio da publicidade, também inscrito no art. 37, *caput*, da Constituição, todos os atos da Administração

Pública devem sofrer ampla divulgação, a não ser que a lei expressamente imponha vedação. Em alguns círculos, o princípio da publicidade também é denominado *transparência*, terminologia derivada do setor privado e que evoca a imagem de que a Administração Pública é visível a todos. O STF reconhece a importância da publicidade na Ação Direta de Inconstitucionalidade n. 2.198/PB:

> Ação direta de inconstitucionalidade. Lei federal 9.755/98. Autorização para que o TCU crie sítio eletrônico denominado Contas Públicas para a divulgação de dados tributários e financeiros dos entes federados. [...]
>
> 1. O sítio eletrônico gerenciado pelo TCU tem o escopo de reunir as informações tributárias e financeiras dos diversos entes da Federação em um único portal, a fim de facilitar o acesso dessas informações pelo público. Os documentos elencados no art. 1º da legislação já são de publicação obrigatória nos veículos oficiais de imprensa dos diversos entes federados. [...]
>
> [...]
>
> 3. A norma não representa desrespeito ao princípio federativo, inspirando-se no princípio da publicidade, na sua vertente mais específica, a da transparência dos atos do poder público. Enquadra-se, portanto, no contexto do aprimoramento da necessária transparência das atividades administrativas, reafirmando e cumprindo, assim, o princípio constitucional da publicidade da administração pública (art. 37, caput, CF/88). (Brasil, 2013c, grifo do original)

Acórdão em destaque

STF – Arguição de Descumprimento de Preceito Fundamental n. 129/DF

ARGUIÇÃO DE DESCUMPRIMENTO DE PRECEITO FUNDAMENTAL. DIREITO CONSTITUCIONAL. ART. 86 DO DECRETO-LEI 200/1967, QUE PREVÊ O SIGILO DA MOVIMENTAÇÃO DOS CRÉDITOS DESTINADOS À REALIZAÇÃO DE DESPESAS RESERVADAS OU CONFIDENCIAIS. NÃO RECEPÇÃO PELA CONSTITUIÇÃO DE 1988. ARGUIÇÃO JULGADA PROCEDENTE.

1. O Princípio de Publicidade dos Atos da Administração Pública caracteriza-se como preceito fundamental para fins de cabimento de Arguição de Descumprimento de Preceito Fundamental.

2. O Estado Democrático de Direito instaurado pela Constituição de 1988 estabeleceu, como regra, a publicidade das informações referentes às despesas públicas, prescrevendo o sigilo como exceção, apenas quando imprescindível à segurança da sociedade e do Estado. Quanto maior for o sigilo, mais completas devem ser as justificativas para que, em nome da proteção da sociedade e do Estado, tais movimentações se realizem.

3. Os tratados internacionais e a própria Constituição Federal convergem no sentido de se reconhecer não apenas a ampla liberdade de acesso às informações públicas, corolário, como visto, do direito à liberdade

> de expressão, mas também a possibilidade de restringir o acesso, desde de que (i) haja previsão legal; (ii) destine-se a proteger a intimidade e a segurança nacional; e (iii) seja necessária e proporcional.
>
> 4. O art. 86 do Decreto-lei 200/1967, embora veiculado em norma jurídica, não foi recepcionado pela Constituição da República na medida em que é insuficiente para amparar a restrição ao direito de acesso à informação. (Brasil, 2019v)

Mesmo votações secretas são absolutamente excepcionais e não podem ser tratadas como regra em nosso ordenamento, em razão da força exercida pelo princípio da publicidade. Nesse sentido, o STF tem decidido sempre no sentido de privilegiar o princípio da publicidade, destacando a excepcionalidade de afastá-lo, como é possível verificar na Medida Cautelar na Arguição de Descumprimento de Preceito Fundamental n. 378/DF:

> 5. [...] No *impeachment*, todas as votações devem ser abertas, de modo a permitir maior transparência, controle dos representantes e legitimação do processo. No silêncio da Constituição, da Lei 1.079/1950 e do Regimento Interno sobre a forma de votação, não é admissível que o presidente da Câmara dos Deputados possa, por decisão unipessoal e discricionária, estender hipótese inespecífica de votação secreta prevista no RICD [Regimento Interno da Câmara dos Deputados],

por analogia, à eleição para a Comissão Especial de *impeachment*. Em uma democracia, a regra é a publicidade das votações. O escrutínio secreto somente pode ter lugar em hipóteses excepcionais e especificamente previstas. Além disso, o sigilo do escrutínio é incompatível com a natureza e a gravidade do processo por crime de responsabilidade. Em processo de tamanha magnitude, que pode levar o presidente a ser afastado e perder o mandato, é preciso garantir o maior grau de transparência e publicidade possível. Nesse caso, não se pode invocar como justificativa para o voto secreto a necessidade de garantir a liberdade e independência dos congressistas, afastando a possibilidade de ingerências indevidas. Se a votação secreta pode ser capaz de afastar determinadas pressões, ao mesmo tempo, ela enfraquece o controle popular sobre os representantes, em violação aos princípios democrático, representativo e republicano. Por fim, a votação aberta (simbólica) foi adotada para a composição da Comissão Especial no processo de *impeachment* de Collor, de modo que a manutenção do mesmo rito seguido em 1992 contribui para a segurança jurídica e a previsibilidade do procedimento. Procedência do pedido. (Brasil, 2016e)

O princípio da publicidade, em síntese, é essencial para a manutenção do Estado Democrático de Direito, garantindo, em sua plenitude, que a possibilidade de controle dos atos administrativos possa ser exercida pelos administrados.

— 2.5 —
Princípio da motivação

O princípio da motivação determina à Administração Pública que explicite sempre os motivos que a levam à edição de seus atos. A doutrina e a jurisprudência sólidas o consagraram de tal modo que não mais cabe qualquer tese que pretenda sua desnecessidade para algum ato administrativo, mesmo aqueles vinculados.

Acórdão em destaque

STF – Ação Direta de Inconstitucionalidade n. 3.519/RN

CONSTITUCIONAL E ADMINISTRATIVO. AÇÃO DIRETA DE INCONSTITUCIONALIDADE. ART. 231, §7º, DA LEI COMPLEMENTAR 165/1999 DO ESTADO DO RIO GRANDE DO NORTE. INGRESSO DE SUBSTITUTO NA TITULARIDADE DE SERVENTIA. OFENSA AO PRINCÍPIO DO CONCURSO PÚBLICO. AÇÃO JULGADA PROCEDENTE.

1. A Constituição da República erigiu a exigência de concurso público como verdadeiro pilar de moralidade e impessoalidade, assegurando à Administração a seleção dos melhores e mais preparados candidatos e aos administrados chances isonômicas de demonstrar conhecimento.

> 2. É inconstitucional a lei estadual que propicie ao substituto da serventia investir-se na titularidade sem prévia aprovação em concurso público específico destinado ao seu provimento, conforme previsão do art. 236, §3º, da Constituição da República.
>
> 3. Ação direta julgada procedente. (Brasil, 2019n)

Deitando raízes no art. 93, inciso IX, da CF de 1988, o princípio vem consagrado para o Direito Administrativo de forma expressa na Lei n. 9.784, de 29 de janeiro de 1999 (Lei do Processo Administrativo), em seu art. 2º, *caput*, que, por sua vez, exige, em seu parágrafo único, inciso VII, a "indicação dos pressupostos de fato e de direito que determinarem a decisão" (Brasil, 1999b). Na mesma lei, o art. 50 assim dispõe:

> Art. 50. Os atos administrativos deverão ser motivados, com indicação dos fatos e dos fundamentos jurídicos, quando:
>
> I – neguem, limitem ou afetem direitos ou interesses;
>
> II – imponham ou agravem deveres, encargos ou sanções;
>
> III – decidam processos administrativos de concurso ou seleção pública;
>
> IV – dispensem ou declarem a inexigibilidade de processo licitatório;
>
> V – decidam recursos administrativos;

VI – decorram de exame de ofício;

VII – deixem de aplicar jurisprudência firmada sobre a questão ou discrepem de pareceres, laudos, propostas e relatórios oficiais;

VIII – importem anulação, revogação, suspensão ou convalidação de ato administrativo. (Brasil, 1999b)

A motivação, por fim, é essencial para a garantia de validade dos atos administrativos. De fato, atos desmotivados são viciados e demandam correção, sob pena de comprometerem a própria atuação administrativa.

— 2.6 —
Princípio da moralidade

O princípio da moralidade administrativa cada vez mais tem ganhado espaço na cultura brasileira. Pela via judicial, os administrados cobram a autoridade administrativa a comportar-se segundo a regra moral estabelecida, afastando-se dos desvios e das práticas duvidosas, que apenas consagram e reproduzem velhos privilégios. A busca pela moral, honestidade, portanto, tem sido uma demanda importante nos tribunais pátrios.

O STF não ignora essa demanda e, quando provocado, põe foco na questão moral, embora as dúvidas levantadas, muitas vezes, estejam concentradas no velho problema do nepotismo, traço cultural que a política brasileira hesita em superar.

Acórdão em destaque

STF – Ação Direta de Inconstitucionalidade n. 5.346/BA

CONSTITUCIONAL. AÇÃO DIRETA DE INCONSTITUCIONALIDADE. LEI 13.219/2014 DO ESTADO DA BAHIA, QUE CONCEDE A EX-GOVERNADORES, EM CARÁTER VITALÍCIO, O DIREITO A SERVIÇOS DE SEGURANÇA E MOTORISTA, PRESTADOS PELA ADMINISTRAÇÃO PÚBLICA ESTADUAL. [...]

1. A Jurisprudência do STF é firme quanto à inconstitucionalidade de leis estaduais e locais que concedem benefícios em caráter gracioso e vitalício a ex-agentes públicos, com fundamento nos princípios republicano, isonômico e da moralidade administrativa. [...]

2. No caso, a norma impugnada não prevê o pagamento de benefício pecuniário, mas a disponibilização de serviços relacionados à preservação da incolumidade e integridade física de ex-agentes públicos que, no exercício da chefia do Poder Executivo, conduziram políticas públicas de grande interesse social, como segurança pública, com especial nível de exposição pessoal.

3. Não obstante, a vitaliciedade do benefício ultrapassa os limites mínimos da razoabilidade, transformando os serviços prestados em privilégio injustificado, afastada a comparação com o tratamento conferido pela Lei Federal 7.474/1986 a ex-Presidentes da República.

> 4. Ação Direta julgada procedente, para declarar a inconstitucionalidade da expressão "de forma vitalícia", do art. 1º da Lei 13.219/2014 do Estado da Bahia, conferindo interpretação conforme ao texto remanescente, pela qual a prestação dos serviços de segurança e motorista fica limitada ao final do mandato subsequente, enquanto não regulamentada a norma. (Brasil, 2019p)

Confira, a seguir, trechos de mais três julgados do STF sobre o tema – Ação Direta de Inconstitucionalidade n. 3.745/GO; Ação Direta de Inconstitucionalidade n. 3.026/DF; e Medida Cautelar na Ação Direta de Inconstitucionalidade n. 2.661/MA –, respectivamente:

> **Ação direta de inconstitucionalidade. Parágrafo único do art. 1º da Lei 13.145/1997 do Estado de Goiás. Criação de exceções ao óbice da prática de atos de nepotismo. Vício material. Ofensa aos princípios da impessoalidade, da eficiência, da igualdade e da moralidade. Procedência da ação.**
>
> [...]
>
> 3. A previsão impugnada, ao permitir (excepcionar), relativamente a cargos em comissão ou funções gratificadas, a nomeação, a admissão ou a permanência de até dois parentes das autoridades mencionadas no caput do art. 1º da Lei estadual 13.145/1997 e do cônjuge do chefe do Poder Executivo, além de subverter o intuito moralizador inicial da norma, ofende

irremediavelmente a Constituição Federal. (Brasil, 2013d, grifo do original)

AÇÃO DIRETA DE INCONSTITUCIONALIDADE. [...] PRINCÍPIO DA MORALIDADE. VIOLAÇÃO DO ARTIGO 37, CAPUT, DA CONSTITUIÇÃO DO BRASIL. [...]

[...]

11. Princípio da moralidade. Ética da legalidade e moralidade. Confinamento do princípio da moralidade ao âmbito da ética da legalidade, que não pode ser ultrapassada, sob pena de dissolução do próprio sistema. [...] (Brasil, 2006b)

O PRINCÍPIO DA MORALIDADE ADMINISTRATIVA – **ENQUANTO** VALOR CONSTITUCIONAL **REVESTIDO** DE CARÁTER ÉTICO-JURÍDICO – **CONDICIONA** A LEGITIMIDADE E A VALIDADE DOS ATOS ESTATAIS.

– A atividade estatal, **qualquer** que seja o domínio institucional de sua incidência, **está necessariamente subordinada** à observância de parâmetros ético-jurídicos que se refletem na consagração constitucional do princípio da moralidade administrativa. Esse postulado fundamental, **que rege** a atuação do poder público, **confere** substância **e dá expressão** a uma pauta de valores éticos sobre os quais se **funda** a ordem positiva do Estado. (Brasil, 2002c, grifo do original)

Prestigiar o princípio da moralidade significa buscar uma conduta limpa e proba por parte da Administração Pública, sem que desvios éticos comprometam os objetivos fixados no interesse público.

— 2.7 —
Princípio da boa-fé ou da confiança

Decorrente do princípio da moralidade administrativa, o princípio da boa-fé encontra previsão na Lei n. 9.784/1999, no art. 2º, parágrafo único, inciso IV, que determina à Administração a "atuação segundo padrões éticos de probidade, decoro e boa-fé" (Brasil, 1999b). Juarez Freitas (2009, p. 95) leciona que o "princípio da confiança legítima ou da boa-fé recíproca nas relações de administração [...] estatui o poder-dever de o administrador público zelas pela estabilidade de uma relação timbrada pela fidúcia mútua, sem injustificáveis descontinuidades administrativas e sem que se presuma a má-fé".

Acórdão em destaque

STJ – Agravo Regimental no Agravo em Recurso Especial n. 663.580/PE

DIREITO ADMINISTRATIVO. PROCESSUAL CIVIL. RECURSO ESPECIAL. CONCURSO PÚBLICO REGIONALIZADO. CANDIDATO APROVADO. NÚMERO DE VAGAS. EDITAL. DIREITO À NOMEAÇÃO. OFERTA. VAGA. CONCURSO DE REMOÇÃO. ABERTURA POSTERIOR. PRETERIÇÃO. ILEGALIDADE.

1. A lógica do art. 28, inciso I, da Lei 11.415/2006 remete à preferência que deve ser dada aos servidores de carreira no caso da existência de cargos vagos, de maneira a

conceder-lhes a primazia no preenchimento destes, promovendo-se, de igual modo, a movimentação funcional.

2. Somente depois de ofertados os cargos vagos à remoção dos servidores é que deve a Administração Pública contabilizar quantos remanesceram sem provimento e a quais unidades administrativas pertencem, podendo remanejá-los e, então, ofertá-los em concurso público de admissão.

3. Ao proceder de maneira inversa, isto é, lançando o concurso de admissão antes do concurso de remoção, a Administração Pública vincula-se, por obediência aos princípios da boa-fé objetiva e da proteção da confiança, ao que declinou por vontade própria, razão pela qual o candidato aprovado em primeiro lugar para a única vaga destinada ao Estado da Paraíba tem o direito público subjetivo à nomeação, sendo impossível, sob fundamento no citado art. 28, inciso I, da Lei 11.415/2006, que a vaga oferecida nesse concurso de admissão seja remanejada para concurso de remoção lançado posteriormente, sobretudo porque tal lei adveio durante o prosseguimento do concurso público.

4. Agravo Regimental improvido. (Brasil, 2015b)

É exemplo muito contundente da incidência do princípio da boa-fé caso em que a Administração Pública, tendo pago ao administrado quantia em dinheiro por erro, não possa voltar atrás, sob pena de violar exatamente a boa-fé de que estava imbuído o administrado quando recebeu a quantia. Nessa hipótese, só se afastaria o princípio da confiança ou boa-fé se ficasse comprovada a má-fé do particular perante a Administração Pública. É exatamente nessa linha que entende o Supremo Tribunal Federal: "esta Corte firmou o entendimento de que é imprescindível a comprovação da má-fé do administrado para a configuração do dever de ressarcimento de valores indevidamente recebidos por erro da Administração" (Brasil, 2012c).

— 2.8 —
Princípio da segurança jurídica

O princípio da segurança jurídica, relativamente ao Direito Administrativo, é decorrência de um agir administrativo que observe, sobretudo, a moralidade e a boa-fé. Por isso ensina Juarez Freitas (2009, p. 98) que, "no atinente ao princípio da segurança jurídica, descendente da própria ideia de Estado Democrático, significa que a Administração Pública deve zelar pela estabilidade e pela ordem nas relações jurídicas como condição para que se cumpram as finalidades simultâneas de justiça e de ordem".

Portanto, decisões súbitas, que venham a romper com o comportamento que se espera da Administração Pública, são diretamente violadoras da segurança jurídica e não podem ser aceitas no ordenamento pátrio e, muito menos, na prática do agir administrativo.

Acórdão em destaque

STF – Agravo Regimental em Mandado de Segurança n. 36.726/DF

> AGRAVO REGIMENTAL EM MANDADO DE SEGURANÇA. ACÓRDÃO 2.780/2016 DO TRIBUNAL DE CONTAS DA UNIÃO (TCU). BENEFÍCIO DE PENSÃO POR MORTE CONCECIDO COM FUNDAMENTO NA LEI N.º 3.373/1958. VIOLAÇÃO AOS PRINCÍPIOS DA LEGALIDADE E DA SEGURANÇA JURÍDICA. AGRAVO A QUE SE NEGA PROVIMENTO. PRECEDENTE DA SEGUNDA TURMA (MS 34.873/DF).

1. Este Tribunal admite a legitimidade passiva do Tribunal de Contas da União em mandado de segurança quando, a partir de sua decisão, for determinada a exclusão de um direito. Precedentes.

2. A jurisprudência desta Corte considera que o prazo decadencial de 120 (cento e vinte) dias, previsto no art. 23 da Lei n.º 12.016/2009 conta-se da ciência do ato impugnado, quando não houve a participação do interessado no processo administrativo questionado.

3. Reconhecida a qualidade de dependente da filha solteira maior de vinte e um anos em relação ao instituidor da pensão e não se verificando a superação das condições essenciais previstas na Lei n.º 3373/1958, que embasou a concessão, quais sejam, casamento ou posse em cargo público permanente, a pensão é devida e deve

> ser mantida, em respeito aos princípios da legalidade, da segurança jurídica e do *tempus regit actum*.
>
> 4. Agravo regimental a que se nega provimento. (Brasil, 2020d)

O princípio da segurança jurídica, assim, tem múltiplas facetas, na medida em que sua aplicação não decorre de uma situação já preestabelecida na norma, mas do sopesamento dos valores envolvidos nas situações concretas postas a exame. Desse modo, se a ação administrativa, em dada situação, provoca violação à segurança e à estabilidade das relações entre a Administração Pública e o administrado, em outra situação pode ocorrer exatamente o oposto, isto é, a segurança advém exatamente de uma necessária intervenção da Administração Pública.

— 2.9 —
Princípio da eficiência e suas dimensões: economicidade, eficiência *stricto sensu* e eficácia

O art. 37, *caput*, da Constituição da República veicula importantes princípios da Administração Pública, entre eles o da eficiência. A exigência, claramente, é uma transposição de princípio orientador das organizações privadas, mas nem por isso é menos importante que seja exigido da Administração Pública.

Afinal, é bastante óbvio que evitar o desperdício em sua atuação, atingindo a melhor relação custo/benefício em seus negócios, é atender ao interesse público. Ao contrário, uma atuação que produzisse imenso desperdício seria por demais prejudicial à sociedade e à própria dignidade da pessoa humana, que se encontra no centro do interesse público.

Acórdão em destaque

STF – Ação Direta de Inconstitucionalidade n. 5.752/SC

12. Os imperativos constitucionais de impessoalidade e publicidade, no caso sub judice, encontram-se suficientemente tutelados, máxime porque, nos termos dos artigos 68 e seguintes da Lei Orgânica do Ministério Público do Estado de Santa Catarina, o processo seletivo para a contratação de estagiários permite amplo acesso e concorrência, em igualdade de condições, para os estudantes interessados, bem como pressupõe publicação de edital no Diário Oficial Eletrônico do Ministério Público.

13. O programa de residência jurídica é compatível, outrossim, com o princípio da eficiência administrativa, porquanto tem o potencial de oferecer um aprendizado particularizado aos futuros ocupantes de cargos públicos, incrementado, por esta via, a qualidade no desempenho das suas futuras funções. Ao mesmo tempo, oportuniza um intercâmbio de conhecimentos entre residentes e seus respectivos supervisores, mercê

> de a inclusão de estudantes de pós-graduação no cotidiano da Administração Pública ser fator de oxigenação desta última em relação aos sempre cambiantes debates acadêmicos.
>
> 14. Ação direta de inconstitucionalidade conhecida e julgado improcedente o pedido. (Brasil, 2019o)

Em seu atuar, porém, o princípio da eficiência revela-se em uma **tríplice dimensão**, não se restringindo apenas aos meios mais econômicos, como se poderia pensar de início. Assim, esse princípio é um grande guarda-chuva, que abarca três dimensões ou subprincípios diferentes para compor um quadro único de atuação eficiente. Vejamos:

1. **Princípio da economicidade (vedação de desperdício)** – A noção de economicidade pode ser extraída do texto do art. 70 da CF de 1988:

> Art. 70. A fiscalização contábil, financeira, orçamentária, operacional e patrimonial da União e das entidades da administração direta e indireta, quanto à legalidade, legitimidade, economicidade, aplicação das subvenções e renúncia de receitas, será exercida pelo Congresso Nacional, mediante controle externo, e pelo sistema de controle interno de cada Poder. (Brasil, 1988)

Significa, assim, otimizar a ação da Administração Pública, obtendo o menor custo possível em suas atividades e evitando o desperdício. A ideia fundamental é primar pelas relações de melhor custo/benefício.

2. **Princípio da eficiência *stricto sensu* (vedação de meios inapropriados)** – Agir com *eficiência* significa agir pelos meios mais apropriados para a obtenção do resultado almejado, no menor tempo possível. É evidente que o uso de meios impróprios apenas atingirá resultados parciais, ou então não os atingirão de todo, de modo que a eleição de meio impróprio, além de não ter obtido o fim em mira, ainda tem o perigoso potencial de criar situações outras, pelo agir inadequado, que demandarão novas ações da Administração para que sejam corrigidas.

3. **Princípio da eficácia (vedação de descumprimento dos objetivos ou metas constitucionais)** – O que a eficácia exige é que as metas constitucionais para a Administração Pública, todas assecuratórias do interesse público, fatalmente traduzidas na legislação infraconstitucional, sejam cumpridas à risca. Portanto, a eficácia é a dimensão da eficiência que liga ambos os conceitos à legalidade.

Juarez Freitas (2009, p. 127) alerta ser "conveniente frisar que os princípios constitucionais da economicidade, da eficiência e da eficácia vedam, terminantemente, todo e qualquer desperdício, assim como rejeitam as técnicas inapropriadas que distorcem as escolhas públicas". Daí conclui o autor que os princípios da eficiência, da eficácia e da economicidade "precisam integrar uma nova abordagem sistemática de controle que dê vida e força aos princípios, objetivos e direitos fundamentais, designadamente ao direito fundamental à boa administração pública, consoante mensuráveis parâmetros de desempenho" (Freitas, 2009, p. 127).

Quanto à eficiência na **prática administrativa**, a própria CF de 1988 fornece exemplos de sua aplicação, determinando atuações administrativas orientadas a seu cumprimento. É o caso do inciso XXII do art. 37:

> Art. 37. [...]
>
> [...]
>
> XXII – as administrações tributárias da União, dos Estados, do Distrito Federal e dos Municípios, atividades essenciais ao funcionamento do Estado, exercidas por servidores de carreiras específicas, terão recursos prioritários para a realização de suas atividades e atuarão de forma integrada, inclusive com o compartilhamento de cadastros e de informações fiscais, na forma da lei ou convênio. (Brasil, 1988)

Também o inciso XXI do mesmo dispositivo, ao regrar o uso de licitação pela Administração Pública, tem o princípio da eficiência como seu centro:

Art. 37. [...]

[...]

XXI – ressalvados os casos especificados na legislação, as obras, serviços, compras e alienações serão contratados mediante processo de licitação pública que assegure igualdade de condições a todos os concorrentes, com cláusulas que estabeleçam obrigações de pagamento, mantidas as condições efetivas da proposta, nos termos da lei, o qual somente permitirá as exigências de qualificação técnica e econômica indispensáveis à garantia do cumprimento das obrigações. (Brasil, 1988)

Vejamos duas decisões do STF que abrangem o tema – Ação Direta de Inconstitucionalidade n. 2.716/RO e Agravo Regimental no Recurso Extraordinário n. 668.810/SP –, respectivamente:

> 3. A licitação é um procedimento que visa à satisfação do interesse público, pautando-se pelo princípio da isonomia. Está voltada a um duplo objetivo: o de proporcionar à administração a possibilidade de realizar o negócio mais vantajoso – o melhor negócio – e o de assegurar aos administrados a oportunidade de concorrerem, em igualdade de condições, à contratação pretendida pela administração. [...] Procedimento que visa à satisfação do interesse público, pautando-se pelo princípio da isonomia, a função da licitação é a de viabilizar, através da mais ampla disputa, envolvendo o maior número possível de agentes econômicos capacitados, a satisfação do interesse público. A competição visada pela licitação, a instrumentar a seleção da proposta mais vantajosa para a administração,

impõe-se seja desenrolada de modo que reste assegurada a igualdade (isonomia) de todos quantos pretendam acesso às contratações da administração.

4. A conversão automática de permissões municipais em permissões intermunicipais afronta a igualdade – art. 5º –, bem assim o preceito veiculado pelo art. 175 da Constituição do Brasil.

5. [...] Afronta ao princípio da isonomia, igualdade entre todos quantos pretendam acesso às contratações da administração. (Brasil, 2008b)

Agravo regimental no recurso extraordinário. Ação direta de inconstitucionalidade movida na origem. Lei do Município de São Paulo 13.959/2005, a qual exige que "os veículos utilizados para atender contratos estabelecidos com a Administração Municipal, Direta e Indireta, devem, obrigatoriamente, ter seus respectivos Certificados de Registro de Veículos expedidos no Município de São Paulo". Exigência que não se coaduna com os arts. 19, inciso III, e 37, inciso XXI, da Constituição Federal. [...]

1. A exigência constante da Lei 13.959/2005 do Município de São Paulo, além de malferir a legítima expectativa individual de quem queira participar de certame público, ofendendo direito individual, vulnera o interesse público, direito da coletividade; pois, com a redução do universo de interessados em contratar, não se garante à administração a oferta mais vantajosa.

2. É certo que as desigualações entre sujeitos ou situações jurídicas no campo das licitações e contratos somente se justificam quando voltadas ao melhor e mais eficiente cumprimento

do objeto licitado/contratado e, ainda assim, desde que não sejam desarrazoadas e estejam em conformidade com o sistema jurídico-constitucional, sob pena de restar vulnerado o princípio da isonomia. (Brasil, 2017e, grifo do original)

Dessa forma, apesar da ênfase no princípio da isonomia (um dos mais fortes vetores orientadores da licitação), é possível constatar também a preocupação com meios **eficientes** para a obtenção de resultado que atenda à **economicidade** e gere, ao final, uma atuação **eficaz** do Estado.

— 2.10 —
Princípios da razoabilidade e da proporcionalidade

O princípio da **razoabilidade** visa evitar que a ação administrativa atinja dimensões minimamente aceitáveis. Celso Antônio Bandeira de Mello (2014, p. 111) explica que "com este princípio [...] a Administração, ao atuar no exercício da discrição, terá de obedecer a critérios aceitáveis do ponto de vista racional, em sintonia com o senso normal de pessoas equilibradas e respeitosa das finalidades que presidiram a outorga da competência exercida". Desse conceito não se afasta Maria Sylvia Zanella Di Pietro (2018, p. 150), para quem se trata "de princípio aplicado ao Direito Administrativo como mais uma das tentativas de impor-se limitações à discricionariedade administrativa, ampliando-se o âmbito de apreciação do ato administrativo pelo Poder Judiciário".

O princípio da razoabilidade, portanto, exige que o atuar administrativo (a) dê adequado fundamento, de fato ou de direito, aos seus atos; (b) considere em suas decisões fatos públicos e notórios; e (c) guarde proporção entre meios e fins a serem alcançados.

A razoabilidade, portanto, insere-se no sopesamento de duas situações de fato diversas para eleger, entre elas, a que seja mais razoável ou melhor possa atingir os resultados esperados pelo interesse público. É o que se depreende, por exemplo, do Agravo Regimental na Suspensão de Segurança n. 5.179/PI do STF:

> **Agravos regimentais em Suspensão de Segurança. Embargos de declaração convertidos em agravo. Fiscalização do Tribunal de Contas estadual em procedimento licitatório. Grave lesão à ordem pública demonstrada. Concessão parcial da contracautela. Agravos não providos.**
>
> 1. Em razão dos fundamentos de mérito apresentados nos embargos de declaração, devem eles ser recebidos como agravo regimental, do qual se deve conhecer.
>
> 2. Os argumentos utilizados pelos agravantes não se mostram aptos a modificar a decisão recorrida, revelando, em verdade, mera insatisfação com as razões adotadas.
>
> 3. No exercício do poder geral de cautela, os tribunais de contas podem determinar medidas em caráter precário que visem assegurar o resultado final dos processos administrativos. O exame realizado pelas cortes de contas ultrapassa a análise meramente burocrática, porque abarca não apenas os elementos formais que norteiam o processo de despesa, mas

também a relação custo-benefício, a aferição de quão ótimas são as ações administrativas, que devem ser as mais rentáveis possíveis, tendo em vista o interesse público envolvido, a legitimidade do ato e a consequente relação de adequação de seu conteúdo.

4. A decisão da Presidência do Supremo Tribunal Federal mostra-se acertada e provida de razoabilidade, pois, de um lado, autoriza a continuidade das apurações no âmbito do Tribunal de Contas estadual – reconhecendo e legitimando a função constitucional do órgão – e, de outro, possibilita o prosseguimento da execução do contrato objeto da licitação em causa, impedindo que haja suspensão da prestação de serviço público essencial, de forma a evitar prejuízos à população envolvida.

5. Agravos regimentais não providos. (Brasil, 2019r, grifo do original)

Por sua vez, o princípio da **proporcionalidade**, porque faz mensuração entre os meios empregados e os fins atingidos, é uma das dimensões do princípio da razoabilidade. Por isso a colocação precisa de Celso Antônio Bandeira de Mello (2014, p. 113) afirma:

> Este princípio enuncia a ideia – singela, aliás, conquanto frequentemente desconsiderada – de que as competências administrativas só podem ser validamente exercidas na extensão e intensidade correspondentes ao que seja realmente demandado para cumprimento da finalidade de interesse público a que estão atreladas.

Assim também vem decidindo o STF, como no Agravo Regimental no Recurso Extraordinário com Agravo n. 1.223.636/SC:

> DIREITO ADMINISTRATIVO. AGRAVO INTERNO EM RECURSO EXTRAORDINÁRIO COM AGRAVO. REDUÇÃO DE MULTA ADMINISTRATIVA APLICADA AQUÉM DO MÍNIMO LEGAL. PRINCÍPIO DA PROPORCIONALIDADE. VIOLAÇÃO À CLÁUSULA DE RESERVA DE PLENÁRIO. INEXISTÊNCIA. INTERPRETAÇÃO SISTEMÁTICA REALIZADA PELO TRIBUNAL DE ORIGEM.
>
> 1. O Tribunal de origem apenas realizou interpretação sistemática com o intuito de alcançar o verdadeiro sentido da norma, sem que houvesse qualquer declaração de sua incompatibilidade com a Constituição Federal.
>
> 2. Não houve o afastamento da norma constante do art. 3º, I, da Lei federal nº 9.847/1999, mas tão somente a constatação de que o dispositivo não pode ser aplicado à hipótese fática dos autos.
>
> 3. Nos termos do art. 85, § 11, do CPC/2015, fica majorado em 25% o valor da verba honorária fixada anteriormente, observados os limites legais do art. 85, §§ 2º e 3º, do CPC/2015.
>
> 4. Agravo interno a que se nega provimento, com aplicação da multa prevista no art. 1.021, § 4º, do CPC/2015. (Brasil, 2019u)

Razoabilidade e proporcionalidade são princípios importantíssimos para que a atuação da Administração Pública seja balizada pela justiça e pela coerência, mantendo as relações nas quais atua sempre harmônicas e equilibradas.

Capítulo 3

Organização administrativa

A organização administrativa envolve as competências públicas na condição de deveres-poderes da Administração Pública. Essas competências desdobram-se em poder normativo ou regulamentar, poder disciplinar, poderes decorrentes da hierarquia e poder de polícia. Nesse contexto, também analisaremos os fenômenos da desconcentração e da descentralização administrativa, o que nos conduz ao estudo da Administração indireta, composta por autarquias, fundações públicas, consórcios públicos, empresas públicas e sociedades de economia mista (empresas estatais), agências executivas, agências reguladoras e pelo terceiro setor.

— 3.1 —
Competências públicas: deveres-poderes da Administração

Competência, enquanto objeto de estudo do Direito Constitucional, é uma demarcação, um feixe de poderes. Ter competência para algo é ter um poder, ou um feixe de poderes, que permita realizar a tarefa determinada. Assim, a competência legislativa do Estado, por exemplo, significa o poder de fazer e editar leis sobre determinados temas, conforme as prescrições constitucionais.

Também as competências administrativas são semelhantes: elas significam o poder de exercer a atividade para cumprir o plexo de deveres que a ela é conferido. Portanto, elas associam os poderes a deveres, daí por que a doutrina se refere às competências administrativas como dever-poder ou poder-dever. Embora ambas as expressões (poder-dever e dever-poder) tenham sentido equivalente, há autores que enfatizam ser a segunda locução (dever-poder) aquela mais adequada, pois como o vocábulo *dever* está na frente da palavra *poder*, ficaria evidente a compreensão de que a Administração somente exerce seu poder porque tem os deveres (constitucionais, de interesse público, enraizados todos no princípio da dignidade da pessoa humana) a cumprir, caso contrário não lhe seria designado nenhum poder.

Maria Sylvia Zanella Di Pietro (2018, p. 160, grifo nosso) esclarece que "Embora o vocábulo *poder* dê a impressão de que se trata de faculdade da Administração, na realidade trata-se de poder-dever, já que reconhecido ao poder público para que o exerça em benefício da coletividade; os poderes são, pois, irrenunciáveis".

Assim, podemos identificar cinco características marcantes de tais competências, ou deveres-poderes, mostradas no quadro a seguir:

Quadro 3.1 – Características das competências públicas

Características das competências públicas	<ul><li>de exercício obrigatório</li><li>irrenunciáveis</li><li>intransferíveis</li><li>imodificáveis</li><li>imprescritíveis</li></ul>

Finalmente, cabe citar que tais deveres-poderes, por vezes chamados apenas de *poderes da Administração* pelos autores, são de quatro espécies: regulamentar, disciplinar, hierárquico, e de polícia.

1. **Poder regulamentar** – Permite que os agentes da administração editem normas infralegais para fiel cumprimento da lei.
2. **Poder disciplinar** – É o poder exercido pela Administração para punir as faltas cometidas por seus agentes no exercício da função pública.
3. **Poder hierárquico** – É aquele que a Administração tem para organização própria. Toda a Administração direta é formulada com base no poder hierárquico.
4. **Poder de polícia** – Permite que a Administração possa limitar a atividade de particulares em função do interesse público.

Alguns autores acrescentarão uma quinta espécie, que denominam **poder discricionário**. Seu estudo é muito relevante, não se reduzindo ao mero exercício de competência, mas alocando-se no próprio coração do ato administrativo, quando houver espaço decisório conferido à Administração Pública. Desse modo, não nos debruçaremos sobre o estudo da discricionariedade neste momento, reservando tal reflexão para exame contextualizado com a edição de atos administrativos, o que faremos no Capítulo 4 desta obra. Por isso nos dedicaremos, aqui, à análise dos outros quatro poderes citados.

— 3.1.1 —
Poder normativo ou regulamentar

Segundo a definição de Marçal Justen Filho (2016, p. 243), "competência normativa é o poder de produzir normas que geram comando destinados a regular a conduta intersubjetiva". Nesse sentido, a competência normativa é gênero que abrange tanto a competência legislativa quanto a competência normativa administrativa, traduzindo-se no exercício do chamado *poder regulamentar* – aquele que dá ao executivo a possibilidade da edição de normas gerais e abstratas denominadas *regulamentos*. Na conceituação de Marçal Justen Filho (2016, p. 243-244), "regulamento é um ato administrativo destinado a veicular normas gerais e abstratas, disciplinando a atividade futura da Administração Pública e, eventualmente, de particulares".

A disciplina dos regulamentos está prevista no art. 84, inciso IV, da Constituição Federal (CF) de 1988.

Norma em destaque

Constituição Federal de 1988, art. 84, IV

Art. 84. Compete privativamente ao Presidente da República:

[...]

> IV – sancionar, promulgar e fazer publicar as leis, bem como expedir decretos e regulamentos para sua fiel execução; (Brasil, 1988)

O poder regulamentar, em síntese, é aquele que permite à Administração Pública detalhar o modo de sua atuação para o integral cumprimento daqueles objetivos fixados em lei, os quais, necessariamente, devem ser cumpridos para que haja total e pleno atendimento ao interesse público.

— 3.1.2 —
Poder disciplinar

Na conceituação de Maria Sylvia Zanella Di Pietro (2018, p. 165), "Poder disciplinar é o que cabe à Administração Pública para apurar infrações e aplicar penalidades aos servidores públicos e demais pessoas sujeitas à disciplina administrativa; é o caso das que com ela contratam".

Assim, é importante observar que pessoas contratadas pela Administração Pública estão sujeitas a poder disciplinar, porém tal poder não se estende para sancionar particulares que não estão em relação direta com a Administração.

Vale observar, no exercício do poder disciplinar, que as esferas de decisão administrativa e penal são diferentes e exercem-se paralelamente, como bem anota o Supremo Tribunal

Federal (STF) no Recurso Ordinário em Mandado de Segurança n. 26.951/DF:

> DIREITO ADMINISTRATIVO. PROCESSO ADMINISTRATIVO DISCIPLINAR. AUDITOR FISCAL DA RECEITA FEDERAL. MANDADO DE SEGURANÇA PREVENTIVO. PEDIDO DE ANULAÇÃO DO PAD. ALEGAÇÃO DE VIOLAÇÃO AOS PRINCÍPIOS DO DEVIDO PROCESSO LEGAL, DA AMPLA DEFESA E DO CONTRADITÓRIO. SENTENÇA ABSOLUTÓRIA NA ESFERA JUDICIAL. INDEPENDÊNCIA DAS INSTÂNCIAS. COMUNICAÇÃO MERAMENTE EVENTUAL. JURISPRUDÊNCIA SEDIMENTADA DO SUPREMO TRIBUNAL FEDERAL. PRETENSÃO MANIFESTAMENTE IMPROCEDENTE. AUSÊNCIA DE DIREITO LÍQUIDO E CERTO. DENEGAÇÃO DA ORDEM. RECURSO A QUE SE NEGA SEGUIMENTO. Decisão: [...] O ora recorrente, Auditor Fiscal da Receita Federal, impetrou mandado de segurança preventivo, contra ato do Ministro a Defesa consubstanciado na instauração de Processo Administrativo (processo nº 10980.010664/99-76) que culminou com a recomendação da Comissão Disciplinar, em relatório final, pela demissão do impetrante. Infere-se dos autos que o procedimento administrativo disciplinar foi instaurado contra o impetrante em razão de irregularidades que lhes foram atribuídas no exercício de suas funções, no desembaraço aduaneiro de mercadorias importadas pela alfândega do Porto de Itajaí, tendo sido indiciado por suposta afronta aos arts. 116, I, II, III, IV, VI e IX, 117, IX, 132, VI, todos da Lei 8.112/90 c/c os arts. 10, caput, I, VII, X, XII e 11, caput e inciso II da Lei 8.429/92. [...]

No que concerne à alegação de absolvição do recorrente na esfera judicial, anoto que a orientação desta Corte é no sentido da autonomia e da independência entre as instâncias das esferas civil, penal e administrativa. Isso porque o ilícito administrativo independe de tipificação criminal. Tal circunstância implica que uma conduta possa ter repercussão apenas na esfera administrativa, sem qualquer reflexo na seara criminal. Nesse cenário, carece de sentido condicionar a apuração do ilícito administrativo à conclusão da persecução penal, a qual, portanto, pode sequer ser instaurada, haja vista eventual atipicidade da conduta. Em poucas palavras: a vinculação entre as esferas criminal e administrativa é apenas acidental, jamais essencial, do que se segue a absoluta incongruência em sujeitar o apenamento administrativo à conclusão da *persecutio criminis*. Por óbvio, eventual absolvição criminal desde que assentada na inexistência do fato ou na negativa de autoria deverá afastar a sanção administrativa, como dispõe o art. 66 do Código de Processo Penal e o art. 935 do Código Civil. Sem embargo, essa possibilidade, ainda que real, não condiciona, a atuação das instâncias administrativas de controle. Entender o contrário significaria desconhecer que as punições criminais e administrativas obedecem a critérios diversos, dirigem-se a fins próprios e guiam-se por normas distintas. Trata-se de respostas autônomas do Estado, ainda que episodicamente relacionadas, como explica, de forma lapidar, o i. Min. Celso de Mello. "O exercício do poder disciplinar pelo Estado não está sujeito ao prévio encerramento da *persecutio criminis* que venha a ser instaurada perante órgão competente do Poder Judiciário. As sanções penais e administrativas, qualificando-se como respostas autônomas do Estado à prática de atos ilícitos cometidos pelos servidores públicos, não se condicionam reciprocamente, tornando-se possível, em consequência, a imposição da punição disciplinar independentemente de prévia decisão da instância penal. Com a só exceção do reconhecimento judicial da inexistência de autoria ou da inocorrência material do próprio fato, ou, ainda, da configuração das causas de justificação penal, as decisões do Poder Judiciário não condicionam o pronunciamento censório da Administração Pública." (MS nº 21.029/DF, rel. Min. Celso de Mello, DJU de 23/09/94–grifos no original). [...] Ex positis, nego seguimento ao presente recurso ordinário em mandado de segurança (art. 21, § 1º, do Regimento Interno do Supremo Tribunal Federal). Publique-se. Int. Brasília, 7 de agosto de 2014. Ministro Luiz Fux Relator Documento assinado digitalmente. (Brasil, 2014h)

É fato que qualquer organização, para bem funcionar, necessita de disciplina e organização internas. Nesse sentido, é perceptível que o poder disciplinar visa, em última análise, proporcionar a rigidez e a estrutura suficientes para possibilitar a atuação da Administração Pública. Caso não fosse possível impor qualquer disciplina aos membros integrantes da Administração, sua atuação ficaria imediatamente comprometida. Daí a relevância do indigitado poder.

— 3.1.3 —
Poderes decorrentes da hierarquia

Sobre o tema, Maria Sylvia Zanella Di Pietro (2018, p. 166) assim ensina:

> A organização administrativa é baseada em dois pressupostos fundamentais: a distribuição de competências e a hierarquia. O direito positivo define as atribuições dos vários órgãos administrativos, cargos e funções e, para que haja harmonia e unidade de direção, ainda estabelece uma relação de coordenação e subordinação entre os vários órgãos que integram a Administração Pública, ou seja, estabelece a hierarquia.

Decorrem, pois, da organização administrativa, da qual a relação hierárquica é acessória, diversos poderes:

- o de editar atos normativos (resoluções, portarias, instruções);
- o de dar ordens aos subordinados;
- o de controlar a atividade dos órgãos inferiores;
- o de aplicar sanções em caso de infrações disciplinares;
- o de avocar atribuições, desde que estas não sejam da competência exclusiva do órgão subordinado;
- o de delegar atribuições que não lhe sejam privativas.

Em arremate, podemos dizer que a hierarquia, assim como a disciplina, é essencial para o correto funcionamento da Administração Pública.

— 3.1.4 —
Poder de polícia

Maria Sylvia Zanella Di Pietro (2018) identifica um conceito clássico de poder polícia, ligado às ideias liberais que vigoravam no século XVIII, e um conceito moderno, adotado pelo Direito brasileiro. Tomando o **conceito clássico**, a autora explica que "o poder de polícia compreendia a atividade estatal que limitava o exercício dos direitos individuais em benefício da segurança" (Di Pietro, 2018, p. 193). No **conceito moderno**, entretanto, ela identifica "a atividade do Estado consistente em limitar o exercício dos direitos individuais em benefício do interesse público" (Di Pietro, 2018, p. 193).

Como o interesse público engloba os direitos fundamentais, um conceito mais completo é o de Marçal Justen Filho (2016, p. 670), para quem o *poder de polícia* "é a competência para disciplinar o exercício da autonomia privada para a realização de direitos fundamentais e da democracia, segundo os princípios da legalidade e da proporcionalidade".

Acórdão em destaque

STF – Ação Direta de Inconstitucionalidade n. 5.696/MG

CONSTITUCIONAL. ADMINISTRATIVO E URBANÍSTICO. FEDERALISMO E RESPEITO ÀS REGRAS DE DISTRIBUIÇÃO DE COMPETÊNCIA.

EMENDA 44/2000 À CONSTITUIÇÃO DO ESTADO DE MINAS GERAIS. DISPENSA DE EXIGÊNCIA DE ALVARÁ OU LICENCIAMENTO PARA O FUNCIONAMENTOS DE TEMPLOS RELIGIOSOS. PROIBIÇÃO DE LIMITAÇÕES DE CARÁTER GEOGRÁFICO À INSTALAÇÃO DE TEMPLOS. COMPETÊNCIA CONCORRENTE PARA LEGISLAR SOBRE POLÍTICA URBANA, ORDENAMENTO E OCUPAÇÃO DO SOLO. LEI FEDERAL 10.257/2001 E DIRETRIZES GERAIS DA POLÍTICA URBANA. ATRIBUIÇÃO DOS PODERES PÚBLICOS MUNICIPAIS. AUTONOMIA MUNICIPAL. PODER DE POLÍCIA E RESERVA DE ADMINISTRAÇÃO. PROCEDÊNCIA DA AÇÃO DIRETA.

1. As regras de distribuição de competências legislativas são alicerces do federalismo e consagram a fórmula de divisão de centros de poder em um Estado de Direito. Princípio da predominância do interesse.

2. A Constituição Federal de 1988, presumindo de forma absoluta para algumas matérias a presença do princípio da predominância do interesse, estabeleceu, a priori, diversas competências para cada um dos entes federativos, União, Estados-Membros, Distrito Federal e Municípios, e, a partir dessas opções, pode ora acentuar maior centralização de poder, principalmente na própria União (CF, art. 22), ora permitir uma maior descentralização nos Estados-Membros e nos Municípios (CF, arts. 24 e 30, inciso I).

3. A Constituição, em matéria de Direito Urbanístico, embora prevista a competência material da União para a edição de diretrizes para o desenvolvimento urbano

> (art. 21, XX, da CF) e regras gerais sobre direito urbanístico (art. 24, I, c/c § 1º, da CF), conferiu protagonismo aos Municípios na concepção e execução dessas políticas públicas (art. 30, I e VIII, c/c art. 182, da CF), como previsto na Lei Federal 10.257/2001, ao atribuir aos Poderes Públicos municipais a edição dos planos diretores, como instrumentos de política urbana.
>
> 4. A norma impugnada, constante da Constituição Estadual, pretendeu restringir o alcance de instrumentos de ordenamento urbano a cargo dos Municípios, desequilibrando a divisão de competências estabelecida no texto constitucional em prejuízo da autonomia municipal e em contrariedade ao regramento geral editado pela União
>
> 5. A verificação de requisitos para a concessão de alvarás e licenciamentos insere-se no Poder de Polícia, cujo exercício é atividade administrativa de competência do Poder Executivo e, portanto, submetida à reserva de administração (art. 2º, c/c art. 61, § 1º, II, e art. 84, II e VI, "a", da CF).
>
> 6. Ação Direta julgada procedente. (Brasil, 2019q)

O poder de polícia é fundamental para atuação administrativa, que assim detém a prerrogativa de ajustar a autonomia privada para o cumprimento do interesse público, impondo ao administrado multas, concedendo-lhe autorizações (das mais diversas naturezas), determinando ajustes de condutas etc.

Podemos mesmo dizer que o poder de polícia marca o atuar administrativo com relação ao administrado.

— 3.2 —
Estrutura da Administração Pública

Para que o Estado possa funcionar e cumprir suas funções ligadas à dignidade da pessoa humana, exercendo suas competências (deveres-poderes), ele precisa organizar-se. Precisa de órgãos e pessoas que conduzam essas tarefas às finalidades constitucionalmente previstas. Por isso, o Poder Executivo está disposto em órgãos que se ramificam e formam uma estrutura complexa. Além disso, há toda uma estrutura que gravita em torno do Estado, mas com ele não se confunde. Nasce daí a distinção entre Administração direta e indireta, absolutamente relevante para a compreensão da Administração Pública, e que passaremos a abordar no restante do presente capítulo.

— 3.2.1 —
Órgãos públicos

Para Maria Sylvia Zanella Di Pietro (2018, p. 726), "pode-se definir o órgão público como uma unidade que congrega atribuições exercidas pelos agentes públicos que o integram com o objetivo de expressar a vontade do Estado". Os órgãos são simples repartições de atribuições, sendo destituídos de personalidade, embora possam exercer capacidade processual.

Marçal Justen Filho (2016, p. 285) explica:

> Órgão público é uma organização, criada por lei, composta por uma ou mais pessoas físicas, investida de competência para formar e exteriorizar a vontade de uma pessoa jurídica de direito público e que, embora destituída de personalidade jurídica própria, pode ser titular de posições jurídicas subjetivas (2016, p. 285).

Os órgãos são, em síntese, as células de atuação da Administração Pública, por intermédio dos quais ela realiza seus objetivos.

— 3.2.2 —
Desconcentração e descentralização administrativas

Acerca do assunto, Marçal Justen Filho (2016, p. 286) assim esclarece:

> No nível constitucional, toda competência administrativa estatal é concentrada e centralizada. A Constituição atribui as competências administrativas às pessoas políticas (União, Estados, Distrito Federal e Municípios), o que significa a sua centralização. Mais ainda, os poderes de natureza administrativa são atribuídos, em grande parte, ao Chefe do Poder Executivo, o que significa a sua concentração num núcleo de poder interno a cada ente federado (2016, p. 286).

Bem por isso, há a necessidade de desconcentração, conceituada por Maria Sylvia Zanella Di Pietro (2018, p. 566) como "uma distribuição interna de competências, ou seja, uma distribuição de competências dentro da mesma pessoa jurídica". A desconcentração está ligada à hierarquia administrativa.

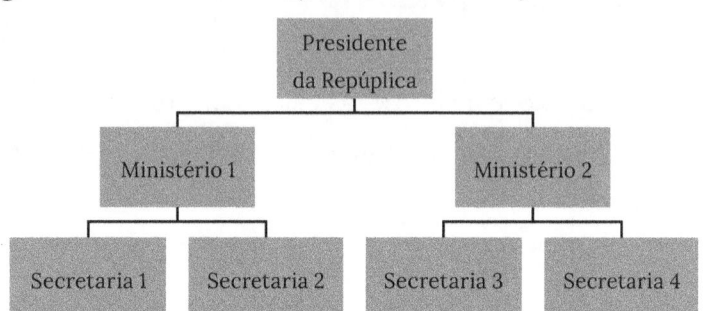

Figura 3.1 – Desconcentração da Administração Pública

```
              Presidente
              da Repúplica
           ┌──────┴──────┐
       Ministério 1   Ministério 2
        ┌────┴────┐    ┌────┴────┐
   Secretaria 1 Secretaria 2 Secretaria 3 Secretaria 4
```

Diversamente, a descentralização, nas palavras de Maria Sylvia Zanella Di Pietro (2018, p. 566), "é a distribuição de competências de uma para outra pessoa, física ou jurídica". Por isso, como ressalta a autora, "A descentralização supõe a existência de, pelo menos, duas pessoas, entre as quais se repartem as competências", ao passo que a desconcentração toda se liga à mesma pessoa política (Di Pietro, 2018, p. 566).

— 3.2.3 —
Administração direta e Administração indireta

As funções de Administração Pública estatal são atribuídas constitucionalmente à União, aos estados, aos municípios e ao Distrito Federal – é o que tradicionalmente denomina-se *Administração direta*. Ali operam os fenômenos da concentração e da desconcentração da Administração Pública.

Relembrando a diferenciação entre os fenômenos da desconcentração e da descentralização, vejamos como eles se inserem na Administração direta e na Administração indireta:

- **Desconcentração** – Trata-se da divisão da Administração em vários órgãos, com função cada vez mais específicas, para poder cumprir as funções que lhe são designadas. A própria Administração atua, mas subdividida. Pense, por exemplo, nos ministérios e em como cada um deles subdivide-se em secretarias, e cada uma destas em setores específicos, e assim por diante. Todos os órgãos componentes da Administração desconcentrada são parte da Administração **direta** (pois é a própria Administração que atua).

- **Descentralização** – Aqui não é a própria Administração que opera, como no caso da desconcentração. Ao contrário, criam-se pessoas jurídicas de direito público ou privado que atuarão em nome da Administração, por isso os componentes que assim agem fazem parte da Administração **indireta**. São componentes da administração indireta as autarquias, as fundações públicas, as empresas públicas e as sociedades de economia mista.

No entanto, como explica Marçal Justen Filho (2016, p. 288),

> o direito permite que o ente político atribua uma parcela de suas competências administrativas estatais a outros sujeitos de direito, criados diretamente por lei ou mediante autorização legal. Essas outras pessoas jurídicas não são entes políticos, nem titulares de poderes atribuídos diretamente pela Constituição.

E, como pessoas meramente administrativas, integram a Administração indireta, pois recebem, segundo o autor, "suas competências de modo indireto, por uma decisão infraconstitucional das pessoas políticas, a quem tais competências foram originalmente atribuídas" (Justen Filho, 2016, p. 288).

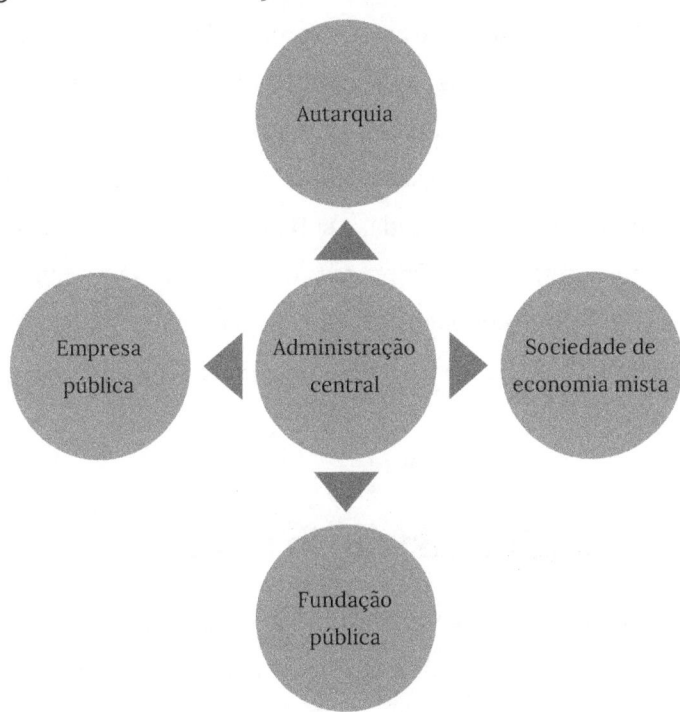

Figura 3.2 – Administração indireta

```
                    ┌──────────┐
                    │ Autarquia│
                    └──────────┘
                         ▲
                         │
  ┌─────────┐      ┌──────────────┐      ┌──────────────┐
  │ Empresa │ ◄────│ Administração│────► │ Sociedade de │
  │ pública │      │   central    │      │economia mista│
  └─────────┘      └──────────────┘      └──────────────┘
                         │
                         ▼
                    ┌──────────┐
                    │ Fundação │
                    │  pública │
                    └──────────┘
```

Ainda, não se deve ignorar, como bem anota Marçal Justen Filho (2016, p. 289), que

> As pessoas políticas, que compõem a Administração direta, têm necessariamente personalidade jurídica de direito público. Já as pessoas administrativas que integram a Administração indireta podem ser dotadas de personalidade jurídica de direito público ou de direito privado. Isso reflete diferenças no regime jurídico aplicável à sua organização e atuação.

Maria Sylvia Zanella Di Pietro (2018, p. 579) elucida que, segundo o direito positivo brasileiro, compõem a Administração indireta "as autarquias, as fundações instituídas pelo Poder Público, as sociedades de economia mista, as empresas públicas, as subsidiárias dessas empresas e os consórcios públicos". Segundo a autora, ainda, e sob um ponto de vista técnico, "dever-se-iam incluir as empresas concessionárias e permissionárias de serviços públicos, constituídas ou não com participação acionária do Estado" (Di Pietro, 2018, p. 578).

— 3.3 —
Administração indireta

Diante do contexto apresentado na seção anterior, o tema demanda que nossa análise seja realizada em uma seção específica. É o que faremos, abordando cada uma das pessoas jurídicas que compõem a Administração indireta.

— 3.3.1 —
Autarquias

Segundo a definição legal encartada no art. 5º, inciso I, do Decreto-Lei n. 200, de 25 de fevereiro de 1967, *autarquia* é "o serviço autônomo, criado por lei, com personalidade jurídica, patrimônio e receita próprios, para executar atividades típicas da Administração Pública, que requeiram, para seu melhor funcionamento, gestão administrativa e financeira descentralizada" (Brasil, 1967).

Marçal Justen Filho (2016) considera essa definição legal prolixa e defeituosa. Para o autor, "autarquia é uma pessoa jurídica de Direito Público, instituída para desempenhar atividades administrativas sob regime de direito público, criada por lei que determina o grau de sua autonomia em face da Administração direta" (Justen Filho, 2016, p. 290).

Acórdão em destaque

STF – Agravo Regimental no Recurso em Mandado de Segurança n. 22.047/DF

AGRAVO REGIMENTAL. RECURSO ORDINÁRIO EM MANDADO DE SEGURANÇA. CONSTITUCIONAL. ADMINISTRATIVO. AUTONOMIA UNIVERSITÁRIA. ART. 207, DA CB/88. LIMITAÇÕES. IMPOSSIBILIDADE DE A AUTONOMIA SOBREPOR-SE À CONSTITUIÇÃO E ÀS LEIS. VINCULAÇÃO AO MINISTÉRIO DA EDUCAÇÃO QUE ENSEJA O CONTROLE DOS ATOS ADMINISTRATIVOS DAS UNIVERSIDADES PÚBLICAS FEDERAIS [ARTS. 19 E 25, I, DO DECRETO-LEI N. 200/67]. SUSPENSÃO DE VANTAGEM INCORPORADA AOS VENCIMENTOS DO SERVIDOR POR FORÇA DE COISA JULGADA. IMPOSSIBILIDADE. AUMENTO DE VENCIMENTOS OU DEFERIMENTO DE VANTAGEM A SERVIDORES PÚBLICOS SEM LEI ESPECÍFICA NEM

PREVISÃO ORÇAMENTÁRIA [ART. 37, X E 169, § 1°, I E II, DA CB/88]. IMPOSSIBILIDADE. EXTENSÃO ADMINISTRATIVA DE DECISÃO JUDICIAL. ATO QUE DETERMINA REEXAME DA DECISÃO EM OBSERVÂNCIA AOS PRECEITOS LEGAIS VIGENTES. LEGALIDADE [ARTS. 1° E 2° DO DECRETO N. 73.529/74, VIGENTES À ÉPOCA DOS FATOS].

1. As Universidades Públicas são dotadas de autonomia suficiente para gerir seu pessoal, bem como o próprio patrimônio financeiro. O exercício desta autonomia não pode, contudo, sobrepor-se ao quanto dispõem a Constituição e as leis [art. 207, da CB/88]. Precedentes [RE n. 83.962, Relator o Ministro SOARES MUÑOZ, DJ 17.04.1979 e MC-ADI n. 1.599, Relator o Ministro MAURÍCIO CORRÊA, DJ 18.05.2001].

2. As Universidades Públicas federais, entidades da Administração Indireta, são constituídas sob a forma de autarquias ou fundações públicas. Seus atos, além de sofrerem a fiscalização do TCU, submetem-se ao controle interno exercido pelo Ministério da Educação.

3. Embora as Universidades Públicas federais não se encontrem subordinadas ao MEC, determinada relação jurídica as vincula ao Ministério, o que enseja o controle interno de alguns de seus atos [arts. 19 e 25, I, do decreto-lei n. 200/67].

4. Os órgãos da Administração Pública não podem determinar a suspensão do pagamento de vantagem incorporada aos vencimentos de servidores quando protegido pelos efeitos da coisa julgada, ainda que contrária

> à jurisprudência. Precedentes [MS 23.758, Relator MOREIRA ALVES, DJ 13.06.2003 e MS 23.665, Relator MAURÍCIO CORREA, DJ 20.09.2002].
>
> 5. Não é possível deferir vantagem ou aumento de vencimentos a servidores públicos sem lei específica, nem previsão orçamentária [art. 37, X e 169, § 1º, I e II, da CB/88].
>
> 6. Não há ilegalidade nem violação da autonomia financeira e administrativa garantida pelo art. 207 da Constituição no ato do Ministro da Educação que, em observância aos preceitos legais, determina o reexame de decisão, de determinada Universidade, que concedeu extensão administrativa de decisão judicial [arts. 1º e 2º do decreto n. 73.529/74, vigente à época].
>
> 7. Agravo regimental a que se nega provimento. (Brasil, 2006d)

São, assim, características das autarquias:

- criação por lei;
- personalidade jurídica pública;
- capacidade de autoadministração;
- especialização dos fins ou atividades;
- sujeição a controle ou tutela.

Em suma, portanto, as autarquias têm personalidade jurídica de direito público e natureza administrativa. Realizam função de Estado. São criadas por lei e dotadas de patrimônio próprio.

As agências reguladoras são autarquias dotadas de poderes especiais. Ex.: USP, UFPR, Aneel, Anatel.

— 3.3.2 —
Fundações públicas

Pela definição do art. 5º, inciso IV, do Decreto-Lei n. 200/1967, *fundação pública* é

> a entidade dotada de personalidade jurídica de direito privado, sem fins lucrativos, criada em virtude de autorização legislativa, para o desenvolvimento de atividades que não exijam execução por órgãos ou entidades de direito público, com autonomia administrativa, patrimônio próprio gerido pelos respectivos órgãos de direção, e funcionamento custeado por recursos da União e de outras fontes. (Brasil, 1967)

Diante dessa definição, Celso Antônio Bandeira de Mello (2014) considera que as fundações públicas são pura e simplesmente autarquias. Tal posição, entretanto, sofre críticas da doutrina mais moderna. Marçal Justen Filho (2016, p. 297), por isso, anota que

> Não existe um regime jurídico típico e padronizado inerente a toda e qualquer autarquia. O regime da autarquia será sempre o da lei que a instituiu. Logo, é inútil afirmar que uma fundação de direito público teria natureza autárquica. O que se

pode afirmar é que as autarquias e as fundações de direito público podem ter o mesmo regime jurídico.

Por sua vez, Maria Sylvia Zanella Di Pietro (2018, p. 593) assevera:

> a fundação instituída pelo Poder Público como o patrimônio, total ou parcialmente público, dotado de personalidade jurídica, de direito público ou privado, e destinado, por lei, ao desempenho de atividades do Estado na ordem social, com capacidade de autoadministração e mediante controle da Administração Pública, nos limites da lei.

As características das fundações públicas são as seguintes:

- dotação patrimonial, que pode ser inteiramente do Poder Público ou semipública e semiprivada;
- personalidade jurídica, pública ou privada, atribuída por lei;
- desempenho de atividade atribuída ao Estado no âmbito social;
- capacidade de autoadministração; e
- sujeição ao controle administrativo ou tutela por parte da Administração Direta, nos limites estabelecidos em lei.

Dessa forma, em suma, as fundações públicas têm personalidade jurídica de direito privado, não têm fins lucrativos e seu patrimônio é destinado a uma função específica. Ex.: Funai.

— 3.3.3 —
Consócios públicos

Ao regulamentar o art. 241 da Constituição, a Lei n. 11.107, de 6 de abril de 2005, dispôs sobre os consórcios públicos, disciplinando, no parágrafo 1º do art. 1º, que eles poderão ser constituídos como associações públicas ou como pessoas jurídicas de direito privado (Brasil, 2005a). Já a definição legal veiculada pelo art. 2º, inciso I, do Decreto n. 6.017, de 17 de janeiro de 2007, designa por *consórcio público* a

> pessoa jurídica formada exclusivamente por entes da Federação, na forma da Lei 11.107/2005, para estabelecer relações de cooperação federativa, inclusive a realização de objetivos de interesse comum, constituída como associação pública, com personalidade jurídica de direito público e natureza autárquica, ou como pessoa jurídica de direito privado sem fins econômicos. (Brasil, 2007a)

Portanto, há duas espécies de consórcios públicos: os consórcios públicos públicos e os consórcios públicos privados.

Quadro 3.2 – Espécies de consórcios públicos

Espécies de consórcios públicos	
	Públicos
	Privados

Marçal Justen Filho (2016, p. 298, grifo nosso) assim conceitua:

> O consórcio público com **personalidade jurídica de direito público** consiste numa associação pública entre entes políticos diversos, constituída a partir de autorizações legislativas, investida na titularidade de atribuições e poderes públicos para relações de cooperação federativa, tendo por objeto o desenvolvimento de atividades permanentes e contínuas.

Diversamente, ainda segundo o autor, "Consórcio público com **personalidade jurídica de direito privado** consiste numa pessoa jurídica sem fins econômicos, formada exclusivamente por entes da Federação, para desenvolver relações de cooperação federativa" (Justen Filho, 2016, p. 320, grifo nosso).

— 3.3.4 —
Empresas públicas e sociedades de economia mista (empresas estatais)

Maria Sylvia Zanella Di Pietro (2018, p. 601) esclarece o teor da expressão *empresas estatais*:

> Com a expressão empresa estatal ou governamental designamos todas as entidades, civis ou comerciais, de que o Estado tenha o controle acionário, diretamente ou por meio de outra entidade da administração indireta, abrangendo a empresa pública, a sociedade de economia mista e suas subsidiárias,

além de outras empresas que não tenham essa natureza e às quais a Constituição faz referência, em vários dispositivos, como categoria à parte (arts. 37, XVII, 71, II, 165, § 5º, II, 173, § 1º).

Conforme Marçal Justen Filho (2016, p. 315), "empresa estatal controlada é uma pessoa jurídica de direito privado, constituída sob forma societária, que se encontra sob controle da Administração Pública".

Ainda segundo o autor, *empresas públicas* "são organizações empresariais de direito privado, sujeitas a um regime jurídico especial, que têm como sócios apenas sujeitos integrantes do Estado. Exemplos típicos são a Caixa Econômica Federal (CEF) e a Empresa Brasileira de Correios e Telégrafos (ECT)" (Justen Filho, 2016, p. 310).

Já *sociedade de economia mista* "é uma sociedade anônima sujeita a regime diferenciado, assim qualificada por lei, que se encontra sob controle de um sujeito estatal" (Justen Filho, 2016, p. 312).

Acórdão em destaque

STF – Agravo Regimental em Mandado de Segurança n. 23.294/DF

AGRAVO INTERNO EM MANDADO DE SEGURANÇA. DELIBERAÇÃO IMPUGNADA QUE SE INSERE NO ÂMBITO DAS ATRIBUIÇÕES CONSTITUCIONAIS

DO TRIBUNAL DE CONTAS DA UNIÃO. EXIGÊNCIA
DE CONCURSO PÚBLICO PARA ADMISSÃO DE
EMPREGADOS POR EMPRESA ESTATAL DE TERCEIRO
GRAU. SOCIEDADE POR COTAS DE RESPONSABILIDADE
LIMITADA CONTROLADA POR SUBSIDIÁRIA INTEGRAL
DO BANCO DO BRASIL. ADMINISTRAÇÃO PÚBLICA
INDIRETA. SUBMISSÃO A REGIME DE DIREITO
PRIVADO COM DERROGAÇÕES DE DIREITO PÚBLICO.

1. No exercício da missão constitucional de auxiliar o Congresso Nacional na atividade de controle externo, o Tribunal de Contas da União está incumbido de fiscalizar órgãos e entidades da administração federal direta e indireta.

2. As cotas do capital social da BBTur pertencem, em última análise, integralmente ao Banco do Brasil S.A., diretamente ou por intermédio da subsidiária integral BB Cayman Islands Holding. Por sua vez, a maioria do capital social com direito a voto da sociedade de economia mista Banco do Brasil é de titularidade da União. Daí concluir-se que a gestão do capital social da BBTur tem impacto nos resultados do conglomerado Banco do Brasil e, portanto, no erário.

3. Resultado de processo de descentralização do poder, por meio da criação de pessoas jurídicas, a administração pública indireta é constituída por autarquias, fundações públicas e empresas estatais. Qualificam-se como empresas estatais as sociedades de economia mista e as empresas públicas, bem assim como as respectivas subsidiárias ou controladas.

4. Tendo em vista a sua condição de sociedade por cotas de responsabilidade limitada controlada por subsidiária integral do Banco do Brasil, a ora agravante, BBTur, em taxonomia adotada pela doutrina, consiste em empresa estatal de terceiro grau. A União possui a maioria das ações com direito a voto da empresa estatal principal ou de primeiro grau, qual seja, o Banco do Brasil. A referida sociedade de economia mista, por sua vez, por intermédio da subsidiária integral BB Cayman Islands Holding, estatal de segundo grau, controla a BBTur, estatal de terceiro grau. À luz dessa cadeia de controle em três níveis, a BBTur é sociedade empresária indiretamente controlada pela União e, nessa condição, submetida, sob pena de burla aos princípios da impessoalidade e da moralidade, a regime de direito privado com derrogações de direito público, em especial quanto à forma de admissão de pessoal e de contratação de bens e serviços.

5. Entes da administração pública indireta detentores de personalidade jurídica de direito privado e endereçados à exploração de atividade econômica também estão jungidos ao previsto no art. 37, II, da Magna Carta. Precedente: MS 21322, Plenário, Rel. Min. Paulo Brossard, DJ de 23.4.1993.

6. Admissões realizadas por empresas estatais sem observância da exigência constitucional de prévia aprovação em concurso público não estão protegidas pela garantia do ato jurídico perfeito nem resguardadas pelos princípios da proteção da confiança e da segurança jurídica. Precedentes.

> 7. Agravo interno conhecido e não provido, com aplicação, no caso de votação unânime, da penalidade prevista no art. 1.021, § 4º, do CPC, calculada à razão de 1% (um por cento) sobre o valor atualizado da causa. (Brasil, 2019s)

Traços comuns às empresas públicas e sociedades de economia mista são:

- criação e extinção autorizadas por lei;
- personalidade jurídica de direito privado;
- sujeição ao controle estatal;
- derrogação parcial do regime de direito privado por normas de direito público;
- vinculação aos fins definidos na lei instituidora;
- desempenho de atividade de natureza econômica.

Em síntese, as **empresas públicas** são pessoas jurídicas de direito privado, com criação autorizada por lei e capital exclusivamente estatal. Ex.: Caixa Econômica Federal. E as **sociedades de economia mista**, por sua vez, são pessoas jurídicas de direito privado, com criação autorizada por lei e capital predominantemente estatal. São constituídas sob a forma de sociedades anônimas. Ex.: Banco do Brasil, Petrobras.

— 3.3.5 —
Agências executivas e reguladoras

No ensinamento de Maria Sylvia Zanella Di Pietro (2018), o termo *agência* "é um dos modismos introduzidos no direito brasileiro em decorrência do movimento da globalização". Esclarece a autora que existem

> nos Estados Unidos vários tipos de agências, sendo que a classificação mais antiga considerava duas modalidades: as agências reguladoras (*regulatory agency*) e as não reguladoras (*non regulatory agency*), conforme tivessem ou não poderes normativos, delegados pelo Congresso, para baixar normas que afetassem os direitos, as liberdades ou atividades econômicas dos cidadãos. Outra distinção que se faz é entre agências executivas (*executive agency*) e agências independentes (*independent regulatory agency or commissions*), sendo os dirigentes das primeiras livremente destituídos pelo Presidente da República e, os da segunda, protegidos por maior estabilidade, porque só podem perder seus cargos por razões expressamente estabelecidas em lei. (Di Pietro, 2018, p. 646)

Aqui no Brasil são usados os formatos denominados *agência executiva* e *agência reguladora*.

Na definição precisa de Maria Sylvia Zanella Di Pietro (2018, p. 648), **agência executiva** "é a qualificação dada à autarquia ou fundação que celebre contrato de gestão com o órgão da Administração Direta a que se acha vinculada, para a melhoria da eficiência e redução de custos". Por essa característica, ela explica que não se trata de entidade instituída com a denominação de agência executiva. Trata-se de entidade preexistente (autarquia ou fundação governamental) que, uma vez preenchidos os requisitos legais, recebe a qualificação de agência executiva, podendo perdê-la, se deixar de atender aos mesmos requisitos" (Di Pietro, 2018, p. 648).

A Lei n. 9.649, de 27 de maio de 1998, em seu art. 51, assim estabelece:

> Art. 51. O Poder Executivo poderá qualificar como Agência Executiva a autarquia ou fundação que tenha cumprido os seguintes requisitos:
>
> I – ter um plano estratégico de reestruturação e de desenvolvimento institucional em andamento;
>
> II – ter celebrado contrato de gestão com o respectivo Ministério supervisor. (Brasil, 1998d)

Maria Sylvia Zanella Di Pietro (2018, p. 650) define **agência reguladora** "em sentido amplo" como "qualquer órgão da Administração Direta ou entidade da Administração Indireta com função de regular a matéria específica que lhe está afeta". Caso a entidade em apreço faça parte da Administração indireta, estará sujeita ao princípio da especialidade, o que significa "que cada qual exerce e é especializada na matéria que lhe foi atribuída por lei. Aliás, a ideia de especialização sempre inspirou a instituição das agências norte-americanas, como também foi uma das inspiradoras da instituição de autarquias no direito europeu-continental" (Di Pietro, 2018, p. 650).

Regulação, como bem identifica Maria Sylvia Zanella Di Pietro (2018, p. 651), "significa [...] organizar determinado setor afeto à agência, bem como controlar as entidades que atuam nesse setor".

Entidades com função reguladora já existem na experiência jurídica nacional há muito tempo. São múltiplos os exemplos de entidades reguladoras preexistentes a qualquer adaptação conceitual estadunidense, das quais se pode mencionar o Comissariado de Alimentação Pública (1918), o Instituto de Defesa Permanente do Café (1923), o Instituto do Açúcar e do Álcool (1933), o Instituto Nacional do Mate (1938), o Instituto Nacional do Pinho (1941), o Instituto Nacional do Sal (1940) – todos eles voltados à regulação da produção e do comércio e criados como autarquias econômicas. No espectro regulatório, podemos mencionar, ainda, o Banco Central, o Conselho Monetário Nacional, a Comissão de Valores Mobiliários e diversos outros órgãos dotados de funções fiscalizatórias e normativas.

Por isso, Maria Sylvia Zanella Di Pietro (2018, p. 650) ressalta que "a inovação maior é o próprio vocábulo agência, antes raramente utilizado para designar entes da Administração Pública" (2018, p. 650). Também destaca a autora que "A função normativa sempre foi exercida por inúmeros órgãos, com maior ou menor alcance, com ou sem fundamento constitucional. Tal como nos

Estados Unidos, a própria lei que institui esses entes já lhes confere poder normativo ou regulador" (Di Pietro, 2018, p. 651).

> ## Acórdão em destaque
>
> **STF – Ação Direta de Inconstitucionalidade n. 4.954/AC**
>
> PROCESSO OBJETIVO – INCONSTITUCIONALIDADE – CRIVO DO SUPREMO – ADVOGADO-GERAL DA UNIÃO – ATUAÇÃO. A teor do disposto no artigo 103, § 3º, da Carta Federal, no processo objetivo em que o Supremo aprecia a inconstitucionalidade de norma legal ou ato normativo, o Advogado-Geral da União atua como curador, cabendo-lhe defender o ato ou texto impugnado, sendo imprópria a emissão de entendimento sobre a procedência da pecha.
>
> CONTROLE CONCENTRADO DE CONSTITUCIONALIDADE – OBJETO. O controle concentrado de constitucionalidade é feito a partir do cotejo do pronunciamento atacado com o Diploma Maior, mostrando-se desinfluente o fato de haver norma diversa, de índole federal, a tratar de certo tema – precedente: Ação Direta de Inconstitucionalidade nº 3.645/PR, Pleno, relatora ministra Ellen Gracie.
>
> AGÊNCIA REGULADORA – PRINCÍPIO DA LEGALIDADE. As agências reguladoras estão submetidas, como órgãos administrativos, ao princípio da legalidade.

> **COMPETÊNCIA NORMATIVA – COMÉRCIO – FARMÁCIAS – ARTIGOS DE CONVENIÊNCIA.**
> Constitucional é a lei de estado-membro que verse o comércio varejista de artigos de conveniência em farmácias e drogarias. (Brasil, 2014d)

Sobre o tema, ainda esclarece Maria Sylvia Zanella Di Pietro (2018, p. 652):

> sujeitam-se às normas constitucionais que disciplinam esse tipo de entidade; o regime especial vem definido nas respectivas leis instituidoras, dizendo respeito, em regra, à maior autonomia em relação à Administração Direta; à estabilidade de seus dirigentes, garantida pelo exercício de mandato fixo, que eles somente podem perder nas hipóteses expressamente previstas, afastada a possibilidade de exoneração ad nutum; ao caráter final das suas decisões, que não são passíveis de apreciação por outros órgãos ou entidades da Administração Pública.

Nesse sentido, a despeito de não haver uma disciplina legal única nem impedimento para a instituição de outros modelos, o fato é que a criação de agências reguladoras vem historicamente seguindo um padrão, isto é, todas têm sido criadas como autarquias de regime especial.

— 3.3.6 —
Terceiro setor

A moderna conformação social tem-se dado conta da insuficiência e da incapacidade do Estado para cumprir todas as tarefas que lhe são constitucionalmente atribuídas, em especial a concretização dos direitos fundamentais. Por essa razão, uma miríade de entidades privadas vem assumindo múltiplas funções ligadas ao interesse público, como as de assistência social, saúde pública, pesquisa e proteção ao meio ambiente e aos carentes.

Explica Marçal Justen Filho (2016, p. 239; 330):

> Tem sido utilizada a expressão terceiro setor para indicar esse segmento, de modo a diferenciá-lo do Estado propriamente dito (primeiro setor) e da iniciativa privada voltada à exploração econômica lucrativa (segundo setor). O terceiro setor é integrado por sujeitos e organizações privadas que se comprometem com a realização de interesses coletivos e a proteção de valores supraindividuais. Enfim, é uma manifestação da sociedade para promover a realização dos direitos fundamentais, especialmente em vista da constatação da insuficiência dos esforços estatais para o atingimento de tais objetivos.
>
> [...]
>
> Uma entidade somente se configura como integrante do terceiro setor quando o seu poder de controle estiver na titularidade de sujeitos privados. Não se admite, portanto, que o Estado constitua certa entidade, por meio da atribuição de

recursos e patrimônio públicos, outorgue sua administração a servidores públicos, sujeitos aos desígnios e influências estatais, e pretende caracterizá-la como "organização não governamental".

Embora tais entidades não sejam integrantes da Administração Pública estatal, em razão das atividades que exercem e de sua umbilical ligação com o interesse público, incidem sobre elas princípios, regras e formalidades próprios do direito público. Nesse sentido, bem anota Marçal Justen Filho (2016, p. 330): "A disciplina do relacionamento entre a Administração Pública e o terceiro setor vai adquirindo um nível de complexidade cada vez mais elevado".

— 3.3.7 —
Entidades paraestatais

No conceito de Maria Sylvia Zanella Di Pietro, "as entidades paraestatais são [...] pessoas jurídicas de direito privado, instituídas por particulares, com ou sem autorização legislativa, para o desempenho de atividades privadas de interesse público, mediante fomento e controle pelo Estado" (2018, p. 678).

Para Marçal Justen Filho (2016, p. 326),

> Entidade paraestatal ou serviço social autônomo é uma pessoa jurídica de direito privado criada por lei para, atuando sem submissão à Administração Pública, promover o atendimento

de necessidades assistenciais e educacionais de certas atividades ou categorias profissionais, que arcam com a sua manutenção mediante contribuições compulsórias.

Relevante anotar que tais entidades, embora integrantes da Administração Indireta, não têm privilégios de Fazenda Pública, conforme anota o STF no Agravo Regimental no Recurso Extraordinário com Agravo n. 642.017/PR:

> Agravo regimental no recurso extraordinário com agravo. Entidades paraestatais. Personalidade jurídica de direito privado. Privilégios. Repercussão geral reconhecida. 1. O Plenário desta Corte concluiu, no exame do AI nº 841.548/PR, pela existência da repercussão geral da matéria constitucional versada nestes autos e reafirmou a jurisprudência deste Supremo Tribunal Federal no sentido de que as entidades paraestatais que possuem personalidade jurídica de direito privado não têm direito aos privilégios concedidos à Fazenda Pública. 2. Agravo regimental não provido. (Brasil, 2011d)

Exemplo clássico de entidades paraestatais são os serviços sociais autônomos (conhecido como Sistema S).

— 3.3.8 —
Organizações da sociedade civil

As organizações da sociedade civil são disciplinadas pela Lei n. 9.637, de 15 de maio de 1998 (Brasil, 1998c).

Organização social (OS) "é a qualificação jurídica dada a pessoa jurídica de direito privado, sem fins lucrativos, instituída por iniciativa de particulares, e que recebe delegação do Poder Público, mediante contrato de gestão, para desempenhar serviço público de natureza social" (Di Pietro, 2018, p. 694-695). Nesse sentido, como esclarece Maria Sylvia Zanella Di Pietro (2018, p. 695), "Nenhuma entidade nasce com o nome de organização social; a entidade é criada pela iniciativa privada como associação ou fundação e, habilitando-se perante o Poder Público, recebe a qualificação; trata-se de título jurídico outorgado e cancelado pelo Poder Público".

Já a organização da sociedade civil de interesse público (Oscip), originariamente disciplinada pela Lei n. 9.790, de 23 de março de 1999 (Brasil, 1999c), veio a ser regulamentada pelo Decreto n. 3.100, de 30 de junho de 1999 (Brasil, 1999c). Tais entidades submetem-se, ainda, no que couber, à disciplina da Lei n. 13.019, de 31 de julho de 2014 (Brasil, 2014a).

Maria Sylvia Zanella Di Pietro (2018, p. 704) esclarece:

> a denominação Organização da Sociedade Civil de Interesse Público constitui uma qualificação jurídica dada a pessoas jurídicas de direito privado, sem fins lucrativos, instituídas por iniciativa de particulares, para desempenhar serviços sociais não exclusivos do Estado com incentivo e fiscalização pelo Poder Público, mediante vínculo jurídico instituído por meio de termo de parceria.

A Lei n. 13.019/2014 denominou, genericamente, essas entidades de *organizações da sociedade civil*, conforme seu art. 1º:

> Art. 1º Esta Lei institui normas gerais para as parcerias entre a administração pública e organizações da sociedade civil, em regime de mútua colaboração, para a consecução de finalidades de interesse público e recíproco, mediante execução de atividades ou de projetos previamente estabelecidos em planos de trabalho inseridos em termos de colaboração, em termos de fomento ou em acordos de cooperação. (Brasil, 2014a)

Bem se vê que a Lei n. 13.019/2014 estabeleceu disciplina mais rigorosa para as parcerias formadas entre o Poder Público e as entidades do terceiro setor.

Capítulo 4

Atos *administrativos*

A atuação da Administração Pública é voltada ao cumprimento dos objetivos fundamentais traçados pela Constituição Federal (CF) de 1988, centrado especialmente no princípio da dignidade da pessoa humana, traduzido tal cumprimento pela ideia de interesse público. Para isso, a Administração organiza-se em suas formas direta e indireta, como vimos anteriormente, realizando toda a sua atuação pela emissão de atos, chamados de *atos administrativos*. Daí a importância e a centralidade desse tema e, por isso, dedicamos este capítulo para tal análise.

— 4.1 —
Fatos e atos administrativos

Para distinguir fatos e atos jurídicos, devemos voltar os olhos para a disciplina do Direito Civil. Para esse ramo do Direito, os atos são sempre imputáveis ao homem, ao passo que os fatos são decorrentes de acontecimentos naturais, sem qualquer interferência do homem ou com interferência apenas indireta.

Se o fato, porém, estiver descrito em uma norma jurídica, esta incidirá, tornando-o um fato jurídico, capaz de produzir efeitos jurídicos.

Se os fatos jurídicos produzirem efeitos para o Direito Administrativo, serão denominados **fatos administrativos**; porém, se não produzirem efeitos, serão designados **fatos da Administração**.

No exercício de suas funções, a Administração Pública, por meio de seus agentes, também pratica atos, denominados **atos da Administração**. Esses atos, segundo Maria Sylvia Zanella Di Pietro (2018, p. 270-271), podem ser classificados em sete tipos:

> 1. os atos de direito privado, como doação, permuta, compra e venda, locação;
>
> 2. os atos materiais da Administração, que não contêm manifestação de vontade, mas que envolvem apenas execução, como a demolição de uma casa, a apreensão de mercadoria, a realização de um serviço;
>
> 3. os chamados atos de conhecimento, opinião, juízo ou valor, que também não expressam uma vontade e que, portanto, também não podem produzir efeitos jurídicos; é o caso dos atestados, certidões, pareceres, votos;
>
> 4. os atos políticos, que estão sujeitos a regime jurídico-constitucional;
>
> 5. os contratos;
>
> 6. os atos normativos da Administração, abrangendo decretos, portarias, resoluções, regimentos, de efeitos gerais e abstratos;
>
> 7. os atos administrativos propriamente ditos.

A última categoria – **atos administrativos propriamente ditos** – é a mais importante, pois é por via da produção de atos administrativos que a Administração Pública realmente cumpre sua função e atende ao interesse público. Por isso, com Maria

Sylvia Zanella Di Pietro (2018, p. 271), é possível dizer que "Onde existe Administração Pública, existe ato administrativo".

— 4.2 —
Conceito de ato administrativo

Diversos são os critérios que podem ser tomados como base para conceituar atos administrativos. Entretanto, são especialmente relevantes os critérios subjetivo e objetivo:

- **Critério subjetivo (orgânico ou formal)** – Leva em conta o órgão que pratica o ato. Por isso, nele estão incluídos quaisquer atos (administrativos ou não) produzidos pela Administração Pública, porém excluídos atos praticados pelos Poderes Judiciário e Legislativo, ainda que estejam exercendo função administrativa. Por isso, é um critério insuficiente e falho, na medida em que (a) deixa de fora de seu conceito diversos atos típicos de Administração Pública, apenas porque praticados por órgãos não diretamente integrantes do Poder Executivo; e (b) abarca atos que não estão essencialmente ligados à função administrativa, pelo tão só fato de terem sido praticados pelo Poder Executivo.

- **Critério objetivo (funcional ou material)** – Leva em conta o tipo de atividade exercida. Aqui, toma-se em conta a função exercida pelos órgãos e, se essa função for administrativa, ainda que o órgão não pertença diretamente à Administração Pública (praticados, por exemplo, internamente ao Poder

Judiciário ou Legislativo), o ato será administrativo. Maria Sylvia Zanella Di Pietro (2018, p. 273) explica que, com base na função administrativa, é possível "concluir que só integram essa categoria os atos que produzem efeitos concretos, o que exclui os atos normativos do Poder Executivo, em especial os regulamentos, pois estes, da mesma forma que a lei, produzem efeitos gerais e abstratos". É como pensa Marçal Justen Filho (2016, p. 399), para quem *ato administrativo* "é uma manifestação de vontade funcional apta a gerar efeitos jurídicos, produzida no exercício de função administrativa".

Porém, Maria Sylvia Zanella Di Pietro (2018, p. 273) ressalta, ainda, que embora o critério subjetivo seja o mais utilizado pela doutrina da atualidade, "não basta dizer que ato administrativo é o praticado no exercício da função administrativa, porque isto incluiria determinados atos da Administração sujeitos a regime jurídico diferente, tal como ocorre com os atos de direito privado". Assim, é fundamental considerar cinco características essenciais para o conceito, ou seja, o ato administrativo deve:

1. constituir declaração do Estado ou de quem lhe faça as vezes;
2. sujeitar-se a regime jurídico administrativo;
3. produzir efeitos jurídicos imediatos;
4. sempre ser passível de controle judicial;
5. sujeitar-se à lei.

Com base nessas características, na definição de Maria Sylvia Zanella Di Pietro (2018, p. 275), *ato administrativo* é "a declaração do Estado ou de quem o represente, que produz efeitos jurídicos imediatos, com observância da lei, sob regime jurídico de direito público e sujeita a controle pelo Poder Judiciário".

— 4.3 —
Existência, validade e eficácia dos atos administrativos

Qualquer ato jurídico – e por isso também os atos administrativos – pode ser analisado em três distintos planos, já classicamente denominados, desde a doutrina de Pontes de Miranda, como planos da *existência*, da *validade* e da *eficácia*.

Portanto, para efetivamente serem atos administrativos, eles precisam existir no plano jurídico. No ensinamento de Marçal Justen Filho (2016, p. 415), a **existência** "envolve a presença de requisitos mínimos de compatibilidade entre o modelo normativo e uma conduta (ação ou omissão) concreta destinada a promover a sua aplicação". É o que alguns autores denominam de *perfeição do ato*.

Na explicação de Celso Antônio Bandeira de Mello (2014, p. 394), "O ato administrativo é perfeito quando esgotadas as fases necessárias à sua produção. Portanto, ato perfeito é o que completou o ciclo necessário à sua formação. Perfeição, pois, é a situação do ato cujo processo de formação está concluído".

Diversamente, a questão da **validade**, como bem explica Marçal Justen Filho (2016, p. 415), "reside na compatibilidade do ato jurídico com o modelo normativo".

Nesse sentido, a validade é requisito que pode ser avaliado e reavaliado em cada instante, visto que a ordem jurídica que dá suporte ao ato pode modificar-se. Por isso, podemos imaginar hipóteses nas quais o ato jurídico foi válido quando de sua produção, mas perdeu a validade posteriormente, isto é, com a modificação da ordem jurídica que dava suporte ao ato.

A validade do ato jurídico é plano posterior ao da existência, o que significa que, para que um ato seja válido, antes ele deve ser existente. Um ato inexistente não pode ser válido ou inválido, porque nem mesmo existe; já o ato existente pode, efetivamente, ser válido ou inválido.

Quadro 4.1 – Ato jurídico existente

Ato jurídico existente	Ato jurídico válido
	Ato jurídico inválido

A validade dos atos jurídicos, entretanto, é insuficiente para que se possa determinar que efeitos o ato em questão pode gerar. Assim, independentemente de sua validade ou não no mundo jurídico, o ato pode ter ou não **eficácia**, ou seja, produzir efeitos. A partir desse raciocínio, é possível imaginarmos quatro situações:

1. **O ato jurídico é válido e produz efeitos** – Ato jurídico válido → Produção de efeitos → Situação ideal.
2. **O ato jurídico é inválido e produz efeitos** – Ato jurídico inválido → Produção de efeitos → Ato deve ser retirado do ordenamento.

3. **O ato jurídico é válido e não produz efeitos** – Ato jurídico válido → Não produção de efeitos → Ato pode ser retirado do ordenamento.
4. **O ato jurídico é inválido e não produz efeitos** – Ato jurídico inválido → Não produção de efeitos → Ato inócuo.

A situação buscada pelo Direito, obviamente, é aquela representada no item 1, em que há atos válidos produzindo efeitos. Todas as outras situações, embora encontráveis na realidade, são indesejadas e constituem defeitos dos atos jurídicos, que deverão ser corrigidos na medida do possível (há hipóteses, como veremos, em que a correção é mais danosa do que a permanência do ato inválido no mundo jurídico). A correção dos atos administrativos viciados será objeto de estudo mais específico em tópico ulterior.

Ainda quanto à eficácia dos atos jurídicos, Marçal Justen Filho (2016) identifica três graus eficaciais, a saber:

1. **Grau mínimo** – A eficácia de grau mínimo é aquela em que já ocorreu o nascimento da relação jurídica e, portanto, já há direito subjetivo e dever jurídico. Não existe ainda, entretanto, qualquer exigibilidade de conduta possível, pois esta ainda está condicionada a um evento futuro.
2. **Grau médio** – O passo seguinte da eficácia é o grau médio, em que passa a existir a exigibilidade da prestação, que anteriormente era apenas um direito subjetivo.
3. **Grau máximo** – Finalmente, a partir de dado momento em que o sujeito obrigado à prestação não a cumpra no prazo

estipulado, passa a existir não apenas a exigibilidade da referida prestação, mas ela pode ser demandada de modo coativo.

Podemos imaginar, como exemplo desses graus eficaciais, um contrato administrativo. Firmado o contrato, passará a existir para o particular e para a Administração Pública um vínculo jurídico, que determinará a relação jurídica entre as partes e a obrigação. A partir de dado momento, durante a vigência do contrato, essa obrigação se tornará exigível, devendo ser cumprida. Se o contrato, por exemplo, for de fornecimento de materiais de escritório para a Administração, estipulará a data para a entrega dos referidos materiais. Antes dessa data, a eficácia era mínima: existia a obrigação de entrega de materiais e já estavam determinadas as partes, porém ainda não havia chegado a data a partir da qual se deveria dar a efetiva entrega. A partir dessa data, a entrega é exigível, e a eficácia, portanto, é média. Se não houver entrega, entretanto, até uma data-limite, a eficácia então será máxima, pois a Administração poderá cobrar, inclusive judicialmente, o material não entregue.

— 4.4 —
Atributos do ato administrativo

O ato administrativo, como espécie de ato jurídico, apresenta atributos específicos que o distinguem de todos os outros atos, dando a eles a característica de estarem submetidos ao regime jurídico de administrativo.

Vejamos trecho do Recurso Especial n. 1.372.279/RJ do Superior Tribunal de Justiça (STJ), que bem esclarece o tema:

> PROCESSUAL CIVIL E ADMINISTRATIVO. TERRENO DE MARINHA. DEMARCAÇÃO. LEGITIMIDADE AD CAUSAM. REEXAME DO CONJUNTO FÁTICO-PROBATÓRIO. IMPOSSIBILIDADE. SÚMULA 7/STJ. PRESCRIÇÃO. DEFICIÊNCIA NA FUNDAMENTAÇÃO. SÚMULA 284/STF. REGISTRO IMOBILIÁRIO. PRESUNÇÃO RELATIVA. AÇÃO PRÓPRIA. DESNECESSIDADE. RECURSO REPETITIVO 1.183.546/ES.
>
> 1. Hipótese em que o Tribunal de origem reconheceu a irregularidade do procedimento demarcatório e consignou ser indispensável o ajuizamento de ação própria para caracterizar o bem como terreno de marinha em virtude da existência de registro em nome do particular.
>
> [...]
>
> 4. Conforme a orientação firmada no Resp 1.183.546/ES (DJe 29.9.2010), julgado sob o rito dos recursos repetitivos (art. 543-C do CPC), "o registro imobiliário não é oponível em face da União para afastar o regime dos terrenos de marinha, servindo de mera presunção relativa de propriedade particular".
>
> 5. Não se exige da União o ajuizamento de ação própria para anulação dos registros de propriedade dos ocupantes de terrenos de marinha, em razão de o procedimento administrativo de demarcação gozar dos atributos comuns a todos os atos administrativos: presunção de legitimidade, imperatividade, exigibilidade e executoriedade. Precedentes do STJ.

6. Recurso Especial parcialmente provido, apenas para afastar a necessidade de ajuizamento de ação própria pela União para anulação do registro. (Brasil, 2016a)

São, assim, atributos dos atos administrativos: (a) presunção de legitimidade, (b) imperatividade, (c) autoexecutoriedade e (d) tipicidade. Vejamos cada um deles a seguir.

— 4.4.1 —
Presunção de legitimidade

Por presunção de legitimidade do ato administrativo quer-se dizer que o ato foi emitido e está em conformidade com a lei que lhe dá fundamento. Esse atributo é essencial para o bom funcionamento da Administração Pública, pois seus atos são produzidos dentro da esfera de poder que lhe é conferida para cumprimento de seus deveres, isto é, a Administração emite atos para o cumprimento da função administrativa, em consonância com o interesse público.

Desse modo, é fundamental que os atos possam, desde logo, presumir-se legítimos, para que a atuação da Administração Pública possa ocorrer sem maiores questionamentos imediatos – pois, se seus atos decorrem diretamente da lei, é evidente que por ela são autorizados e com ela estão conformes.

Acórdão em destaque

STJ – Agravo Regimental no Recurso Especial n. 1.567.624/SC

AGRAVO REGIMENTAL NO RECURSO ESPECIAL. USO DE DOCUMENTO FALSO.

INCIDÊNCIA DA SÚMULA N. 568/STJ. EMISSÃO DE CERTIDÃO. DESNECESSIDADE DE CONFERÊNCIA. POTENCIALIDADE LESIVA PRESENTE. AGRAVO REGIMENTAL DESPROVIDO. 1. Nos termos da Súmula n. 568/STJ: "o relator, monocraticamente e no Superior Tribunal de Justiça, poderá dar ou negar provimento ao recurso quando houver entendimento dominante acerca do tema".

2. A orientação desta Corte Superior é no sentido de que os atos administrativos, dentre os quais se enquadram os de emitir certidões, têm como atributos as presunções de legitimidade e de veracidade, o que desobriga, como regra, o Poder Público de verificar se as certidões, de fato, são verdadeiras. Precedentes.

3. No caso dos autos, a falsidade das certidões não foi facilmente identificada, tanto que as alterações contratuais foram arquivadas na Junta Comercial do Estado de Santa Catarina–JUCESC, e, portanto, inegável sua potencialidade lesiva.

4. Agravo regimental desprovido. (Brasil, 2018a)

Isso não quer dizer que os atos administrativos são, por si só, inquestionáveis, mas que a decretação de qualquer vício que possa atingir o ato dependerá de exame criterioso a ser realizado pela própria Administração Pública ou pelo Poder Judiciário.

— 4.4.2 —
Imperatividade

Na conceituação de Maria Sylvia Zanella Di Pietro (2018, p. 279), *imperatividade* "é o atributo pelo qual os atos administrativos se impõem a terceiros, independentemente de sua concordância".

De fato, também a imperatividade é atributo essencial ao ato administrativo, pois, caso ela não existisse, nenhuma obrigação a terceiro decorreria da edição dos atos administrativos, e a Administração Pública seria tolhida no cumprimento de suas funções constitucionais, ligadas ao interesse público.

— 4.4.3 —
Autoexecutoriedade

Outro atributo importante do ato administrativo é o da autoexecutoriedade, que permite ao ato administrativo "ser posto em execução pela própria Administração Pública, sem necessidade de intervenção do Poder Judiciário" (Di Pietro, 2018, p. 280).

Pelo atributo da autoexecutoriedade, como bem indica sua definição, o ato será, necessariamente, executado pelos meios coercitivos ao alcance da Administração Pública, sem que tal intervenção seja previamente examinada pelo Poder Judiciário. Isso não significa dizer, porém, que os atos administrativos que desse atributo se utilizem não possam ser controlados pelo Judiciário. Ao contrário, é decorrência do princípio da universalidade da jurisdição (CF, art. 5º, inciso XXXV: "a lei não excluirá da apreciação do Poder Judiciário lesão ou ameaça a direito") que também eles sejam submetidos à apreciação judicial, ainda que esse controle seja feito após a medida administrativa ter sido adotada. Como decorrência de tal controle, pode ser judicialmente decretada, inclusive, a reparação de eventuais danos causados ao particular, na hipótese de se verificar que o ato, por algum motivo, não deveria ter sido praticado. Aliás, mesmo nas hipóteses em que o Poder Judiciário fixar a possibilidade de prática do ato, não está excluída a condenação da Administração Pública a reparar eventuais danos que tenha causado ao particular.

Quadro 4.2 – Autoexecutoriedade

Autoexecutoriedade	Quando a lei expressamente preveja o comportamento
	Quando a providência for urgente a ponto de demandá-la de imediato

São duas, e diferentes, as hipóteses em que a autoexecutoriedade opera como atributo dos atos administrativos:

1. **Quando a lei expressamente o preveja** – Nessa hipótese, mais comumente encontrável na realidade, os meios executivos utilizados pela Administração Pública são indiretos. É a hipótese de fixação de multas e penalidades diversas que a lei expressamente autorize, para quando o particular se furtar ao cumprimento do comando administrativo. Como exemplos, podemos pensar na fixação de multas para a não instalação de equipamentos de segurança determinados pela Administração em prédios de circulação pública (como escolas ou boates), a cassação de licença de funcionamento, a apreensão de mercadorias irregularmente comercializadas etc.

2. **Quando houver necessidade de tomada de medida urgente em razão de interesse público que exija ação imediata** – Nessas hipóteses, muitas vezes sequer previstas em lei, os meios utilizados para coerção do particular são diretos e materiais, chegando mesmo ao emprego da força, tudo no intuito de evitar ou amenizar a lesão ao interesse público. É o caso em que a Administração busca garantir a segurança e a saúde públicas, entre outras necessidades e interesses relevantes da coletividade. Como exemplo, podemos citar a necessidade de demolição de um prédio prestes a ruir, o internamento de pessoa portadora de doença contagiosa etc.

— 4.4.4 —
Tipicidade

Por fim, a tipicidade, como definido por Maria Sylvia Zanella Di Pietro (2018, p. 281), "é o atributo pelo qual o ato administrativo deve corresponder a figuras definidas previamente pela lei como aptas a produzir determinados resultados. Para cada finalidade que a Administração pretende alcançar existe um ato definido em lei".

Garantia do particular frente ao Estado, esse atributo relaciona-se diretamente ao princípio da legalidade, impedindo que a Administração Pública possa praticar atos quaisquer, dotados de imperatividade e de executoriedade, que não tenham expressa e anterior previsão em lei.

— 4.5 —
Elementos do ato administrativo

Os elementos do ato administrativo, por vezes denominados *requisitos*, são os diversos aspectos que o compõem e que a ele são essenciais. A Lei da Ação Popular (Lei nº 4.717, de 29 de junho de 1965), em seu art. 2º, trata dos atos administrativos nulos, referindo os casos de nulidade a "a) incompetência; b) vício de forma; c) ilegalidade do objeto; d) inexistência dos motivos; e) desvio de finalidade" (Brasil, 1965). Ora, são exatamente esses os elementos do ato administrativo: competência (refere-se a sujeito competente para a prática do ato), objeto, forma, finalidade e motivo.

— 4.5.1 —
Sujeito

Sujeito do ato é a pessoa que, dotada de capacidade e competência para tanto, emite o ato. Assim, quando se fala em sujeito do ato, refere-se a um desdobramento de dois componentes: a competência e a capacidade.

Capacidade é um requisito geral dos atos jurídicos e, no âmbito do Direito Administrativo brasileiro, a capacidade para a prática de atos administrativos é das pessoas públicas políticas (União, estados, municípios e Distrito Federal). Já a **competência** administrativa, nas palavras de Marçal Justen Filho (2016, p. 421), "é a atribuição normativa da legitimação para a prática de um ato administrativo".

Como já abordamos, a Administração Pública executa funções diretamente ligadas ao cumprimento do interesse público e, para isso, organiza-se, dividindo o poder em diversos órgãos, aos quais é atribuída dada parcela de competência. Ora, se a competência é um feixe de poderes voltados a determinada atuação, então, cada órgão específico terá competências específicas, atribuídas por lei, para atuar – e é exatamente dentro desse círculo competencial que devem ser praticados os atos administrativos.

A competência administrativa é, portanto, atribuição de uma parcela limitada de poder a cada órgão específico da

Administração Pública, que dela será titular e não poderá renunciar a seu exercício. É em razão dessas características da competência que o art. 11 da Lei 9.784, de 29 de janeiro de 1999, define que "a competência é irrenunciável e se exerce pelos órgãos administrativos a que foi atribuída como própria, salvo os casos de delegação e avocação legalmente admitidos" (Brasil, 1999b).

— 4.5.2 —
Objeto

O objeto do ato administrativo, ou seu conteúdo, consiste no efeito jurídico imediato por ele produzido. Maria Sylvia Zanella Di Pietro (2018, p. 286) explica que "Sendo o ato administrativo espécie do gênero ato jurídico, ele só existe quando produz efeito jurídico, ou seja, quando, em decorrência dele, nasce, extingue-se, transforma-se um determinado direito. Esse efeito jurídico é o objeto ou conteúdo do ato". Por isso, nas exatas palavras da autora, "Para identificar-se esse elemento, basta verificar o que o ato enuncia, prescreve, dispõe" (Di Pietro, 2018, p. 286).

— 4.5.3 —
Forma

A forma do ato administrativo diz respeito à sua exteriorização, isto é, em como esse ato atinge o mundo real de maneira que seja cumprido pelos administrados. Nesse sentido, embora a forma usual do ato administrativo seja a escrita, ela também pode consistir em ordens verbais, gestuais ou de qualquer tipo de sinalização. Essa última hipótese, efetivamente, é bastante comum no regramento de trânsito, no qual, por exemplo, o agente de trânsito, por meio de gestual próprio e sinais sonoros produzidos por apito, emite comandos aos administrados; ainda com referência ao trânsito, é possível mencionar também sinais luminosos, placas, avisos, pintura nas vias e toda uma sorte de comandos emitidos pela Administração Pública para estabelecer o regramento das vias públicas – são, todos eles, atos administrativos, a maioria dos quais não guarda a forma escrita.

Por fim, cumpre observar que também o **silêncio**, ainda que não guarde forma ou não seja propriamente uma exteriorização, pode também revelar uma manifestação da vontade administrativa. Frequentemente, nas hipóteses legalmente assim estabelecidas, esgotado o prazo de manifestação da Administração Pública, o silêncio transmite sua concordância ou discordância com determinado ato ou fato. Isto é, condição imprescindível, é preciso que se destaque, para que o silêncio possa produzir efeitos, é a prévia existência de previsão legal para isso. É o que ocorre, comumente, na chamada *homologação tácita* do lançamento tributário, prevista no art. 150, parágrafo 4º, do Código Tributário Nacional – Lei n. 5.172, de 25 de outubro de 1966 (Brasil, 1966), em que a própria lei prevê, de antemão, que se terá por homologado o lançamento, como se ato administrativo tivesse sido emitido, caso a Administração permaneça em silêncio pelo prazo de cinco anos. Confira:

Art. 150. [...]

[...]

§ 4º Se a lei não fixar prazo a homologação, será ele de cinco anos, a contar da ocorrência do fato gerador; expirado esse prazo sem que a Fazenda Pública se tenha pronunciado, considera-se homologado o lançamento e definitivamente extinto o crédito, salvo se comprovada a ocorrência de dolo, fraude ou simulação. (Brasil, 1966)

> **Acórdão em destaque**
>
> **STJ – Recurso Especial n. 16.284/PR**
>
> ADMINISTRATIVO – SILÊNCIO DA ADMINISTRAÇÃO – PRAZO PRESCRICIONAL. A TEORIA DO SILENCIO ELOQUENTE E INCOMPATIVEL COM O IMPERATIVO DE MOTIVAÇÃO DOS ATOS ADMINISTRATIVOS. SOMENTE A MANIFESTAÇÃO EXPRESSA DA ADMINISTRAÇÃO PODE MARCAR O INICIO DO PRAZO PRESCRICIONAL. (Brasil, 1992b)

Se houver a necessidade, entretanto, de a Administração Pública motivar o ato administrativo, o silêncio não poderá ser tomado como se manifestação administrativa fosse. A jurisprudência do STJ é muito firme nesse sentido, tal como no Recurso Especial n. 1.245.149/MS:

ADMINISTRATIVO. PROCESSUAL CIVIL. AÇÃO CIVIL PÚBLICA. OCUPAÇÃO E EDIFICAÇÃO EM ÁREA DE PRESERVAÇÃO PERMANENTE. CASAS DE VERANEIO ("RANCHOS"). LEIS 4.771/65 (CÓDIGO FLORESTAL DE 1965), 6.766/79 (LEI DO PARCELAMENTO DO SOLO URBANO) E 6.938/81 (LEI DA POLÍTICA NACIONAL DO MEIO AMBIENTE). DESMEMBRAMENTO E LOTEAMENTO IRREGULAR. VEGETAÇÃO CILIAR OU RIPÁRIA. CORREDORES ECOLÓGICOS. RIO IVINHEMA. LICENCIAMENTO AMBIENTAL. NULIDADE DA AUTORIZAÇÃO OU LICENÇA AMBIENTAL. **SILÊNCIO ADMINISTRATIVO. INEXISTÊNCIA, NO DIREITO BRASILEIRO, DE AUTORIZAÇÃO OU LICENÇA AMBIENTAL TÁCITA.** PRINCÍPIO DA LEGITIMIDADE DO ATO ADMINISTRATIVO. SUSPENSÃO DE OFÍCIO DE LICENÇA E DE TERMO DE AJUSTAMENTO DE CONDUTA. VIOLAÇÃO DO ART. 535 DO CPC. PRECEDENTES DO STJ.

1. Trata-se, originariamente, de Ação Civil Pública ambiental movida pelo Ministério Público do Estado de Mato Grosso do Sul contra proprietários de 54 casas de veraneio ("ranchos"), bar e restaurante construídos em Área de Preservação Permanente–APP, um conjunto de aproximadamente 60 lotes e com extensão de quase um quilômetro e meio de ocupação da margem esquerda do Rio Ivinhema, curso de água com mais de 200 metros de largura. Pediu-se a desocupação da APP, a demolição das construções, o reflorestamento da região afetada e o pagamento de indenização, além da emissão de ordem cominatória de proibição de novas intervenções. A sentença de procedência parcial foi reformada pelo Tribunal de Justiça, com decretação de improcedência do pedido.

[...]

LICENCIAMENTO AMBIENTAL

6. Se é certo que em licença, autorização ou Termo de Ajustamento de Conduta (TAC), ao Administrador, quando implementa a legislação ambiental, incumbe agregar condicionantes, coartações e formas de mitigação do uso e exploração dos recursos naturais–o que amiúde acontece, efeito de peculiaridades concretas da biota, projeto, atividade ou empreendimento –, não é menos certo que o mesmo ordenamento jurídico não lhe faculta, em sentido inverso, ignorar, abrandar ou fantasiar prescrições legais referentes aos usos restringentes que, por exceção, sejam admitidos nos espaços protegidos, acima de tudo em APP.

7. Em respeito ao princípio da legalidade, é proibido ao órgão ambiental criar direitos de exploração onde a lei previu deveres de preservação. Pela mesma razão, **mostra-se descabido, qualquer que seja o pretexto ou circunstância, falar em licença ou autorização ambiental tácita, mormente por quem nunca a solicitou ou fê-lo somente após haver iniciado, às vezes até concluído, a atividade ou o empreendimento em questão. Se, diante de pleito do particular, o Administrador permanece silente, é intolerável que a partir da omissão estatal e do nada jurídico se entreveja salvo-conduto para usar e até abusar dos recursos naturais, sem prejuízo, claro, de medidas administrativas e judiciais destinadas a obrigá-lo a se manifestar e decidir.**

8. Embora o licenciamento ambiental possa, conforme a natureza do empreendimento, obra ou atividade, ser realizado, conjunta ou isoladamente, pela União, Distrito Federal

e Municípios, não compete a nenhum deles – de modo direto ou indireto, muito menos com subterfúgios ou sob pretexto de medidas mitigatórias ou compensatórias vazias ou inúteis – dispensar exigências legais, regulamentares ou de pura sabedoria ecológica, sob pena de, ao assim proceder, fulminar de nulidade absoluta e insanável o ato administrativo praticado, bem como de fazer incidir, pessoalmente, sobre os servidores envolvidos, as sanções da Lei dos Crimes contra o Meio Ambiente (arts. 66, 67 e 69-A) e da Lei da Improbidade Administrativa, às quais se agrega sua responsabilização civil em regime de solidariedade com os autores diretos de eventual dano causado. (Brasil, 2013a, grifo nosso)

É relevante anotar, por fim, que não existe ato administrativo amorfo, desprovido de forma. A ausência de forma não carrega qualquer conteúdo e, por esse motivo, pressupõe o silêncio – que, como vimos, produz consequências no âmbito do atuar administrativo, podendo, mesmo destituído de forma ou conteúdo, revelar a vontade da Administração.

— 4.5.4 —
Finalidade

A finalidade, como indica o próprio vocábulo, relaciona-se aos fins, aos objetivos, ao resultado buscado pela Administração Pública por via do ato administrativo.

É importante não confundir a finalidade com o motivo do ato; este último, como bem explica Maria Sylvia Zanella Di Pietro

(2018, p. 289), "antecede a prática do ato, correspondendo aos fatos, às circunstâncias, que levam a Administração a praticar o ato", ao passo que a primeira "sucede à prática do ato, porque corresponde a algo que a Administração quer alcançar com a sua edição".

— 4.5.5 —
Motivo

Se motivo representa as circunstâncias de fato e de direito que antecedem o ato, podemos afirmar que estas são seus pressupostos, seus fundamentos. Isto é, sem motivo, o ato carece de qualquer fundamento e será, portanto, viciado.

O motivo pode ser de duas ordens:

1. **de direito** – quando a prática de um ato vem a ser determinada pela lei;
2. **de fato** – Quando a prática de um ato decorre de circunstâncias fáticas do mundo real que impelem a Administração a praticá-lo.

É importante distinguir o motivo do ato de sua motivação. Ao passo que o motivo, como dito, relaciona-se à existência dos pressupostos para a prática do ato, a motivação é a demonstração, por escrito, de que existe o motivo que deflagrou o ato. Assim, no ato punitivo, por exemplo, a Administração deve demonstrar, por escrito (motivar), que existiu o ilícito (motivo).

Acórdão em destaque

STJ – Recurso Especial n. 1.787.922/ES

ADMINISTRATIVO E PROCESSUAL CIVIL. MULTA. GRADAÇÃO DA PENALIDADE. AUSÊNCIA DE MOTIVAÇÃO DO ATO ADMINISTRATIVO. EXISTÊNCIA DE ILEGALIDADE.

1. A fundamentação produzida no acórdão para anular a decisão administrativa que aplicou pena pecuniária à recorrida foi a ausência de motivação para a fixação de multa. Como demonstrado no acórdão recorrido, o ato administrativo questionado reputa-se eivado de ilegalidade, visto que insuficientemente motivado pelo órgão ambiental. Depreende-se que a análise perpetrada pelo juiz não foi sobre o mérito do ato administrativo, mas sobre a ilegalidade do ato administrativo produzido sem a devida motivação. RMS 40.769/PR, Rel. Ministra Eliana Calmon, Segunda Turma, DJe 7/2/2014.

2. Recurso Especial não provido. (Brasil, 2019j)

Por fim, deve ainda ser sublinhada a **teoria dos motivos determinantes**, segundo a qual um ato somente será válido se forem também válidos os motivos indicados em seu fundamento.

Acórdão em destaque

STJ – Agravo Regimental no Recurso Especial n. 1.192.278/PE

ADMINISTRATIVO. PROCESSUAL CIVIL. LICITAÇÕES. RECURSO ESPECIAL QUE TEVE SEU SEGUIMENTO DENEGADO. [...] INSISTÊNCIA NA LEGALIDADE DO ATO ADMINISTRATIVO QUE CANCELOU PARTE DOS OBJETOS DO CERTAME. POR MOTIVO DE BURLA AO CONCURSO PÚBLICO. ACÓRDÃO LOCAL QUE À VISTA DA TEORIA DOS MOTIVOS DETERMINANTES INVALIDOU A ATUAÇÃO ADMINISTRATIVA. POSSIBILIDADE DE LICITAR. ATIVIDADES-MEIO. LIMPEZA, CONSERVAÇÃO E HIGIENIZAÇÃO DOS PRÉDIOS PÚBLICOS. AGRAVO REGIMENTAL DO ESTADO DE PERNAMBUCO A QUE SE NEGA PROVIMENTO.

[...]

2. Em relação à anulação judicial do ato administrativo, esta seu deu, não em menosprezo à autotutela da Administração, como aduz o Recorrente, mas sim pela aplicação da teoria dos motivos determinantes, verificando o Tribunal local, que a contratação terceirizada das atividades inseridas no edital, não gerariam burla ao concurso público. (Brasil, 2017a)

Desse modo, a Administração não pode, por exemplo, emitir a um particular a permissão de uso de determinada área pública e depois vedar a permissão de uso a um segundo particular de área exatamente igual e nas mesmas condições de utilização.

— 4.6 —
Vinculação e discricionariedade

No uso de seu dever-poder, para cumprimento de suas funções pública, a Administração pode somente praticar os atos determinados em lei. Todavia, a determinação legal, muitas vezes, pode não ser suficiente para a prática do ato. Há múltiplos casos em que a determinação legal deve ser integrada por um âmbito decisório administrativo, que escolha qual ato e de que forma esse ato será praticado diante de determinada situação. Trata-se do espaço decisório conferido à Administração Pública chamado de *discricionário*.

Nesse contexto, duas são as situações possíveis e corriqueiras no atuar administrativo diuturno:

1. **Suficiente determinação legal** – Nessa hipótese, a lei apresenta, desde logo, o motivo para a prática do ato, sem que seja necessária uma tomada de decisão por parte da Administração Pública. É caso, por exemplo, da cobrança de tributos: uma vez existente a obrigação tributária, não cabe à Administração questionar se efetuará a cobrança: ela deve efetuá-la, como decorrência da lei. O mesmo ocorre quanto

à imposição de uma multa ao particular pelo cometimento de uma infração de trânsito como, por exemplo, a conversão proibida: à Administração não resta qualquer escolha a não ser impor a multa.

> **Acórdão em destaque**
>
> **STJ – Agravo Interno no Agravo em Recurso Especial n. 1.395.319/ES**
>
> ADMINISTRATIVO E PROCESSUAL CIVIL. AGRAVO INTERNO NO AGRAVO EM RECURSO ESPECIAL. POLICIAL RODOVIÁRIO FEDERAL. PAD. TRIBUNAL DE ORIGEM CONCLUINDO PELA INSUFICIÊNCIA DO CONJUNTO PROBATÓRIO A SUBSIDIAR A PUNIÇÃO DO AGENTE. ALTERAÇÃO DO JULGADO QUE DEMANDA ANÁLISE DOS ELEMENTOS DE PROVA. INCIDÊNCIA DA SÚMULA 7/STJ. AGRAVO INTERNO DA UNIÃO A QUE SE NEGA PROVIMENTO.
>
> 1. Cuida-se, na origem, de Ação Ordinária ajuizada em face da UNIÃO em que a parte autora almeja sua reintegração aos quadros da Polícia Rodoviária Federal.
>
> [...]
>
> 3. Por fim, não é demais lembrar que, em face dos princípios da proporcionalidade, dignidade da pessoa humana e culpabilidade, aplicáveis ao regime jurídico disciplinar, não há juízo de discricionariedade no ato administrativo que impõe sanção disciplinar a Servidor Público,

> razão pela qual o controle jurisdicional é amplo, de modo a conferir garantia aos servidores públicos contra eventual excesso administrativo, não se limitando, portanto, somente aos aspectos formais do procedimento sancionatório.
>
> 4. Agravo Interno da UNIÃO a que se nega provimento.
>
> (Brasil, 2019d)

---

2. **Insuficiente determinação legal** – Nessa hipótese, embora a lei traga os elementos orientadores da Administração Pública, a realidade é mais rica e, portanto, é impossível que todas as considerações possíveis já tenham sido objeto de normatização. Haverá, assim, espaço decisório para a Administração, que poderá escolher entre duas ou mais hipóteses possíveis sem que, com isso, descumpra a lei. É o caso, por exemplo, da concessão de férias a determinado servidor público. Estando com as férias vencidas, o servidor terá direito a gozá-las, e a Administração deve, portanto, conferir-lhe o período de descanso. Porém, a Administração não está sujeita a fazê-lo no momento requisitado pelo servidor, podendo decidir qual o melhor período para o exercício do direito, a depender da demanda de serviço daquele servidor, das férias conferidas ou por conferir a outros servidores, entre outros fatores. Percebe-se que há, aqui, espaço decisório para a Administração, pois claramente os fatos concretos que terão de ser sopesados (necessidade do serviço, escala

de férias etc.) não conseguem estar previamente determinados na lei.

Acórdão em destaque

STJ – Recurso Ordinário em Mandado de Segurança n. 55.707/GO

PROCESSUAL CIVIL E ADMINISTRATIVO. POLICIAL MILITAR. PROMOÇÃO POR ATO DE BRAVURA. DISCRICIONARIEDADE DA ADMINISTRAÇÃO.

1. Trata-se, na espécie, de Mandado de Segurança impetrado pelo ora recorrente contra ato praticado pelo Comandante-Geral da Polícia Militar do Estado de Goiás, contra suposto ato ilegal que indeferiu sua promoção por ato de bravura.

2. O Tribunal local consignou (fl. 145, e-STJ): "Como bem destacado pela Comissão de Promoção, o impetrante agiu dentro daquilo que é esperado de sua profissão, atuando de forma minimamente exigível diante da situação de perigo, pois ainda que em horário de folga, subsistem as obrigações legais decorrentes da profissão de policial militar. [...] o administrador que aplicar a regra em alusão deve estar adstrito aos institutos da oportunidade e conveniência da Administração Pública, ou seja, do mérito administrativo, portanto, de ato discricionário. Por conseguinte, a ação praticada pelo impetrante é incapaz de caracterizar a situação prevista no art. 9º da Lei n. 15.704/2006, visto que não revelam a

> coragem e a audácia previstas legalmente. Noutro giro, cabe ressalvar que a ação praticada pelo impetrante teve seu reconhecimento pela Comissão de Promoção, pois determinou o encaminhamento dos autos à comissão permanente de medalhas para conhecimento e análise".
>
> 3. O acórdão recorrido está em sintonia com o entendimento firmado no âmbito do STJ de que a concessão da promoção por ato de bravura está adstrita à discricionariedade do administrador, estando o ato administrativo submetido exclusivamente à conveniência e à oportunidade da autoridade pública, tendo em vista que a valoração dos atos de bravura não ocorre por meio de elementos meramente objetivos. Precedentes: AgRg no RMS 39.355/GO, Rel. Ministro Herman Benjamin, Segunda Turma, DJe 20.3.2013; RMS 19.829/PR, Rel. Ministro Gilson Dipp, Quinta Turma, DJ 30/10/2006; 4. Recurso Ordinário não provido. (Brasil, 2017c)

Na primeira situação descrita (suficiente determinação legal) diz-se que o ato é **vinculado**, pois está adstrito ao cumprimento da determinação legal, sem qualquer margem de escolha; já na segunda situação (insuficiente determinação legal), diz-se que o ato é **discricionário**, visto que há um espaço decisório prévio a ser utilizado pelo Administrador para a emissão do ato.

Alguns autores, como já dissemos anteriormente, incluem o estudo da discricionariedade administrativa entre os deveres-poderes da Administração Pública, sob o título de **poder**

discricionário – a Administração deve fazer estritamente o que está previsto pela lei. Algumas vezes, porém, a lei deixa uma margem para decisão do administrador, que exercerá, então, esse poder decisório ou discricionário. É preciso lembrar, entretanto, que o poder discricionário não é pleno, isto é, o administrador não pode decidir o que quiser, mas deve decidir conforme parâmetros fornecidos pela própria lei ou pela Constituição. Por exemplo, o ato não pode ser imoral (ferindo o princípio da moralidade) ou ilegal (fazendo algo vedado pela lei).

— 4.6.1 —
Critérios de aplicação da discricionariedade

Se a discricionariedade confere à Administração Pública o poder de decidir em determinadas situações, não o poderá fazê-lo livremente. Como já se viu, a própria lei é um limite intransponível à discricionariedade, e que não pode ser ultrapassado pela Administração. No exemplo que utilizamos, da concessão de férias a um servidor, caso a Administração negasse por completo as férias, estaria violando frontalmente a lei: é o limite que não pode ser ultrapassado. Por isso, no dizer de Celso Antônio Bandeira de Mello (2014, p. 440), a "discricionariedade é liberdade dentro da lei".

Entretanto, ao sopesar os fatos que giram em torno da decisão, a Administração também não tem plena e absoluta liberdade. Deverá ser orientada pelos critérios da conveniência e da oportunidade.

Na lição precisa de Diogo de Figueiredo Moreira Neto (1989, p. 41, grifo nosso), o ato administrativo "diz-se **oportuno** quando existam e bastem os pressupostos de fato e de direito para sua edição". Por outro lado, "diz-se **conveniente** quando a escolha de seu conteúdo jurídico leva à produção de um resultado que, em tese, atende à finalidade para a qual é praticado" (Moreira Neto, 1989, p. 51, grifo nosso).

Acórdão em destaque

STJ – Recurso Ordinário em Mandado de Segurança n. 55.732/PE

> ADMINISTRATIVO E PROCESSUAL CIVIL. RECURSO EM MANDADO DE SEGURANÇA. MILITAR. TRANSFERÊNCIA EX OFFICIO, DENTRO DO MESMO MUNICÍPIO, POR NECESSIDADE DE SERVIÇO. ALEGAÇÃO DE AUSÊNCIA DE MOTIVAÇÃO DO ATO ADMINISTRATIVO E PERSEGUIÇÃO DA MILITAR IMPETRANTE. PODER DISCRICIONÁRIO DA ADMINISTRAÇÃO. NECESSIDADE DE DILAÇÃO PROBATÓRIA. IMPOSSIBILIDADE. RECURSO ORDINÁRIO IMPROVIDO. AGRAVO INTERNO PREJUDICADO.
>
> I. Na origem, trata-se de Mandado de Segurança, impetrado por Rebecca de Souza Vieira, contra suposto ato ilegal do Comandante Geral do Polícia Militar de

Pernambuco, consubstanciado na transferência da impetrante, do BPRv (Batalhão de Polícia Rodoviária) para o 12º Batalhão de Polícia Militar, ambos no Município de Recife/PE, por necessidade de serviço, conforme Suplemento de Pessoal nº 006, de 15/03/2016.

II. O motivo do ato administrativo diz respeito à causa imediata que autoriza a sua prática, ou seja, o pressuposto fático e normativo que enseja a sua prática. Quando se trata de um ato discricionário, a lei autoriza a prática do ato, à vista de determinado fato. A decisão da Administração é tomada segundo os critérios de oportunidade e conveniência, dentro dos limites da lei. A motivação é a declaração escrita dos motivos que ensejaram a prática do ato e integra a forma do ato administrativo, acarretando a sua ausência a nulidade do ato, por vício de forma.

III. "Em inúmeros julgados, o Superior Tribunal de Justiça afirma que não cabe ao Judiciário interferir em atos discricionários da Administração Pública. Ademais, os atos discricionários, por sua vez, possuem certa liberdade de escolha. Assim, o agente público ao praticar um ato discricionário possui certa liberdade dentro dos limites da lei, quanto à valoração dos motivos e à escolha do objeto, segundo os seus critérios de oportunidade e conveniência administrativas. [...] ao Poder Judiciário cabe à fiscalização do controle jurisdicional dos atos administrativos restringindo-se apenas a observância aos princípios Constitucionais. [...] Ora, se não há qualquer ilegalidade patente no ato administrativo atacado, a improcedência da ação é a regra" (STJ, REsp 1.676.544/SP, Rel. Ministro HERMAN BENJAMIN, SEGUNDA TURMA, DJe de 10/10/2017).

IV. No caso, a autoridade coatora consignou o motivo do seu ato, no sentido de que a transferência da impetrante, do BPRv (Batalhão de Polícia Rodoviária) para o 12º Batalhão da Polícia Militar, no mesmo Município de Recife/PE, dera-se por "necessidade de serviço", aspecto que se insere no poder discricionário da Administração de verificar se há, ou não, em determinado setor de trabalho, necessidade de mais contingente de pessoal.

Não obstante a mera menção, no ato, à "necessidade de serviço", percebe-se que a transferência da impetrante dera-se em conjunto com uma série de remoções e transferências de outros policiais, o que retira, pelo menos do que se pode depreender dos autos, qualquer conotação de pessoalidade da medida, transferência que ocorreu, ainda, dentro do mesmo Município.

V. Assim, se a justificativa de "necessidade de serviço" é equivocada ou inverídica ou se há perseguição da policial impetrante, trata-se de matéria que demanda, indubitavelmente, dilação probatória, que é insuscetível de ser feita na via estreita do mandado de segurança, que exige prova pré-constituída das alegações do impetrante. (Brasil, 2019k)

Esses dois critérios devem, necessariamente, fazer parte da motivação do ato administrativo discricionário, pois esta deverá descrever por que aquele ato que está sendo praticado é conveniente e oportuno.

— 4.6.2 —
Limites ao exercício da discricionariedade: legalidade

Como já examinamos anteriormente, o princípio da legalidade é cogente para a Administração Pública, e sua observância é imprescindível para a edição de qualquer ato administrativo. Assim, é possível dizer que qualquer ato administrativo deve ser pautado pela legalidade. A eventual existência de espaço discricionário conferida ao ato administrativo não significa o afastamento da legalidade, significa apenas que o atuar administrativo não deve desbordar da legalidade. Na verdade, a conferência de discricionariedade para a Administração Pública é dada pela lei, de modo que somente existe discricionariedade onde a lei deixa espaço para tanto.

E mais: legalidade, aqui, significa mais do que conformidade à lei, conformidade também à Constituição (Estadual ou Federal). Assim, por exemplo, se dada previsão estiver encartada na Constituição do estado, não pode ser contrariada pela suposta discricionariedade da Administração Pública estadual. É o que ocorreu no Estado do Rio Grande do Sul, em hipótese examinada pelo STF no Agravo Regimental no Recurso Extraordinário com Agravo n. 1.141.147/RS:

SERVIDOR. PAGAMENTO PARCELADO. ESTADO DO RIO GRANDE DO SUL. IMPOSSIBILIDADE. Descabe cogitar de discricionariedade administrativa quando se tratar de pagamento parcelado da remuneração dos servidores públicos estaduais, considerada a previsão do artigo 35 da Constituição do Estado do Rio Grande do Sul. Precedente: Ação Direta de Inconstitucionalidade 657/RS, Pleno, ministro Neri da Silveira, acórdão publicado no Diário da Justiça de 28 de setembro de 2001. (Brasil, 2019t)

Confira-se, na hipótese, o texto inequívoco da Constituição Estadual: "Art. 35. O pagamento da remuneração mensal dos servidores públicos do Estado e das autarquias será realizado até o último dia útil do mês do trabalho prestado" (Rio Grande do Sul, 1989).

De outro lado, mesmo frente à legalidade, há hipóteses em que a Administração Pública pode exercer a discricionariedade. São hipóteses em que, mesmo havendo definição legal, remanesce o espaço para a decisão administrativa. É como entende o STF no Recurso Extraordinário n. 290.346/MG:

> Em face do princípio da legalidade, pode a administração pública, enquanto não concluído e homologado o concurso público, alterar as condições do certame constantes do respectivo edital, para adaptá-las à nova legislação aplicável à espécie, visto que, antes do provimento do cargo, o candidato tem mera expectativa de direito à nomeação ou, se for

o caso, à participação na segunda etapa do processo seletivo. (Brasil, 2001)

Mas a discricionariedade, além de não poder desbordar da legalidade, como já destacamos, também está adstrita ao mérito do ato, que diz respeito à conveniência e oportunidade para sua emissão. E esses dois critérios deverão estar explicitados na motivação do ato.

Acórdão em destaque

STJ – Agravo Interno no Recurso em Mandado de Segurança n. 49.914/RS

DIREITO ADMINISTRATIVO. AGRAVO INTERNO EM RECURSO EM MANDADO DE SEGURANÇA. CONCURSO PÚBLICO. PROVA DISCURSIVA. ANULAÇÃO DE QUESTÃO. CONTEÚDO PROGRAMÁTICO. COMPATIBILIDADE. DESCUMPRIMENTO DO EDITAL NÃO EVIDENCIADA. AUSÊNCIA DE DIREITO LÍQUIDO E CERTO.

1. Os recorrentes pretendem a nulidade da questão 4 da prova discursiva do concurso para promotor do Rio Grande do Sul, alegando a exigência de conhecimentos alheios ao conteúdo de Direito Urbanístico, constante no Grupo Temático IV, extrapolando-o e adentrando em matéria pertinente ao Direito Civil e ao Direito Registral,

conteúdos do Grupo Temático II, o que não encontraria respaldo no edital, segundo o qual cada prova discursiva corresponderia a um respectivo grupo temático.

2. A jurisprudência desta Corte é firme no sentido de que é vedado ao Poder Judiciário substituir-se à banca examinadora do certame para reexaminar critérios utilizados para elaboração e correção de provas, bem como avaliar respostas dadas pelos candidatos e notas a elas atribuídas, sob pena de indevida incursão no mérito do ato administrativo, salvo nas hipóteses de flagrante ilegalidade. Precedentes.

3. No caso dos autos, não se vislumbra a alegada ilegalidade, mormente porque o fato do edital do certame ter delimitado por grupo os temas a serem cobrados nas provas discursivas não impede a possibilidade de aferição de conhecimentos de matérias conexas, de modo interdisciplinar dos conteúdos previstos no instrumento convocatório. Precedentes em casos idênticos: AgInt no RMS 50.342/RS, Rel. Min. Herman Benjamin, Segunda Turma, DJe 05/09/2016; RMS 50.081/RS, Rel. Min. Herman Benjamin, Segunda Turma, DJe 19/05/2016. Demais precedentes: RMS 30.473/PB, Rel. Min. Napoleão Nunes Maia Filho, Rel. p/ Acórdão Min. Jorge Mussi, Quinta Turma, DJe 04/12/2012.

4. Agravo interno não provido. (Brasil, 2020c)

Constitui, assim, limite à discricionariedade do Estado a adequação existente entre as circunstâncias fáticas que circundam o ato administrativo (motivo) e sua motivação, traduzida pelas razões que descrevem a conveniência e a oportunidade da emissão do ato. Tal adequação impede, ainda, não só a violação do princípio da legalidade, mas também de outros princípios incidentes sobre o caso concreto. É o caso do princípio da impessoalidade, como bom examina o STF no Recurso Extraordinário n. 589.998/PI:

> Empresa Brasileira de Correios e Telégrafos (ECT). Demissão imotivada de seus empregados. Impossibilidade. Necessidade de motivação da dispensa. [...] Os empregados públicos não fazem jus à estabilidade prevista no art. 41 da CF, salvo aqueles admitidos em período anterior ao advento da EC 19/1998. [...] Em atenção, no entanto, aos princípios da impessoalidade e isonomia, que regem a admissão por concurso público, a dispensa do empregado de empresas públicas e sociedades de economia mista que prestam serviços públicos deve ser motivada, assegurando-se, assim, que tais princípios, observados no momento daquela admissão, sejam também respeitados por ocasião da dispensa. A motivação do ato de dispensa, assim, visa a resguardar o empregado de uma possível quebra do postulado da impessoalidade por parte do agente estatal investido do poder de demitir. Recurso extraordinário parcialmente provido para afastar a aplicação, ao caso, do art. 41 da CF, exigindo-se, entretanto, a motivação para legitimar a rescisão unilateral do contrato de trabalho. (Brasil, 2013e)

A jurisprudência, por sua vez, é muito firme no controle da motivação dos atos administrativos. Confira a ementa do Recurso Ordinário em Mandado de Segurança n. 59.515/PE do STJ:

> PROCESSUAL CIVIL E ADMINISTRATIVO. RECURSO EM MANDADO DE SEGURANÇA. CONCURSO PÚBLICO. ANULAÇÃO DE EXAME PSICOTÉCNICO. VÍCIO NA MOTIVAÇÃO DO ATO ADMINISTRATIVO. AUSÊNCIA DE PROVA PRÉ-CONSTITUÍDA. PRESUNÇÃO DE LEGITIMIDADE. 1. A impetrante, candidata à vaga de Escrivã da Polícia Civil do Estado de Pernambuco, foi reprovada na segunda avaliação psicológica aplicada a todos os inscritos no certame. Neste recurso em mandado de segurança pretende o provimento do apelo a fim de que se declare a suposta ilegalidade do ato administrativo que anulou o resultado final da primeira avaliação psicológica, no qual figurou como aprovada, isso em razão de suposta falta de motivação do ato anulatório por parte da Administração Pública. 2. Na hipótese, a Banca Examinadora do Concurso Público para ingresso a cargos na Polícia Civil do Estado de Pernambuco anulou a primeira avaliação psicológica para o cargo de Escrivão de Polícia após ter sido apurado, em inquérito civil instaurado pelo Ministério Público, que candidatos receberam caderno de questões parcialmente anotados, o que feriu a lisura do certame. 3. A impetrante, por sua vez, não logrou êxito em comprovar o direito líquido e certo alegado, pois não colacionou prova documental idônea capaz de refutar a presunção de legitimidade do ato administrativo que determinou a anulação da prova, de modo a demonstrar que a motivação aduzida pela Administração não confere com a realidade dos fatos ocorridos no dia em que realizado

o primeiro exame psicotécnico. À míngua da indispensável prova pré-constituída do direito, é caso de se manter a denegação da ordem. 4. Recurso em mandado de segurança não provido. (Brasil, 2019l)

Devemos observar, ainda, que não existe discricionariedade fora da legalidade. Isso significa dizer que, ou bem a discricionariedade atende à legalidade, ou é ato arbitrário. Assim, discricionariedade e legalidade devem sempre caminhar juntas, afastando atos arbitrários, incompatíveis com o Estado Democrático de Direito.

4.7
Modalidades de extinção dos atos administrativos

Como qualquer ato jurídico, também o ato administrativo tem um nascimento (momento em que é criado) e uma morte (momento em que se extingue o ato). Como bem explica Marçal Justen Filho (2016, p. 453), "A extinção dos atos administrativos significa, mais propriamente, a extinção das relações jurídicas derivadas dos atos administrativos. Ou seja, o ato administrativo em si mesmo não é propriamente extinto, mas seus efeitos jurídicos é que deixam de existir".

Há uma variedade de formas pelas quais a extinção pode ocorrer, as quais podem ser melhor compreendidas se classificadas da seguinte forma:

a. **Cumprimento de seus efeitos** – Nessa hipótese, um ato válido cumpre integralmente seus efeitos e esgota-se naturalmente, extinguindo a relação jurídica entre as partes. Esse esgotamento pode ocorrer por três diferentes razões:
   1. **Execução material** – Nessa hipótese, o ato prevê determinada obrigação que, uma vez cumprida, extingue todos os efeitos do ato em questão. É o caso do fornecimento de dada quantia de mercadorias para a Administração: uma vez fornecida a quantidade estipulada, a obrigação gerada foi cumprida, e o ato extingue-se naturalmente.
   2. **Esgotamento do conteúdo jurídico pelo decurso do tempo** – Outras vezes, a relação jurídica tem como condição não um requisito material (fornecimento de X mercadorias), mas um requisito temporal (fornecimento de mercadorias por X meses). Esgotado o prazo, a obrigação está cumprida, e o ato se extingue.
b. **Desaparecimento dos elementos da relação jurídica** – Também o desaparecimento de qualquer elemento da relação jurídica gerada pelo ato administrativo torna essa relação incompleta e destituída de possibilidade de continuar a existir, e, por consequência, extingue-se também o ato que lhe deu causa.
   1. **Desaparecimento do pressuposto fático** – O desaparecimento do estado de fato regulado pelo ato administrativo extingue-o, pois desaparece a relação jurídica subjacente. É o caso em que, por exemplo, desaparece o sujeito.

O exemplo mais comum é o do ato de concessão de aposentadoria: com a morte do sujeito, extingue-se a relação jurídica e o ato concessório, e a Administração Pública não mais pagará o valor correspondente.

2. **Resolução por força maior e o caso fortuito** – Nas hipóteses em que a força maior ou o caso fortuito provocam o desaparecimento de algum pressuposto do ato, este também se extingue. Se, por exemplo, o objeto do ato era a concessão de exploração de dada baía para a construção de um porto, um evento cataclísmico que modifique o calado da baía ou de algum modo reconfigure o acesso natural pode inviabilizar a operação. Nesse caso, desaparece o objeto do ato, e este se extingue.

c. **Renúncia do interessado** – Há hipóteses em que o particular, não estando mais interessado na relação jurídica, pode extingui-la por uma manifestação unilateral de vontade. É o caso do servidor público que requer exoneração, rompendo a relação com a Administração.

d. **Retirada** – Envolve a extinção do ato por decisão da Administração Pública ou do Poder Judiciário, por vezes em razão de atos ilícitos ou vícios do ato administrativo.

1. **Revogação** – A revogação ocorre quando a Administração Pública retira o ato ou por razões de conveniência ou oportunidade, ou porque entende que tais atos foram ilegalmente praticados.

2. **Invalidação pela própria Administração** – Nessa hipótese, o ato é desfeito pela própria Administração Pública em razão da verificação de um vício no ato.
3. **Extinção pelo Poder Judiciário** – Nos casos em que o ato viciado não é revogado ou invalidado pela própria Administração Pública, o próprio Poder Judiciário pode determinar sua extinção.
4. **Rescisão por inadimplemento (resilição)** – Quando determinados atos impõem o cumprimento de prestações pelo particular e este as viola (hipótese de inadimplemento de obrigação), pode a Administração Pública, por ato unilateral, operar a rescisão. Não é dado, porém, à Administração, decretar a rescisão se ela mesma tiver dado causa ao ilícito: nessas hipóteses, o exame da questão é remetido ao Poder Judiciário.

— 4.8 —
Vícios dos atos administrativos

Os vícios do ato administrativo são aqueles que atingem algum dos elementos do ato, que já estudamos anteriormente. Os vícios, portanto, podem ser relativos (a) à competência e à capacidade (em relação ao sujeito), (b) ao objeto, (c) à forma, (d) ao motivo e (e) à finalidade.

— 4.8.1 —
Vícios relativos ao sujeito

São vícios relativos ao sujeito:

a. **Incompetência** – Ocorre quando o ato é emitido por autoridade à qual falte competência para fazê-lo. São hipóteses de incompetência:

   1. **Usurpação de função** – Ocorre quando alguém não investido em cargo, emprego ou função administrativas pratica o ato. Trata-se de crime previsto no art. 328 do Código Penal: "usurpar o exercício de função pública" (Brasil, 1940).

   2. **Desvio e excesso de poder** – Ocorre quando o agente ultrapassa os limites de sua competência ou por praticar um ato administrativo que exorbita suas atribuições (excesso de poder) ou, ainda, por realizar um ato administrativo com finalidade daquela implícita ou explicitamente prevista na lei (desvio de poder).

   3. **Função de fato** – Ocorre quando o ato é praticado por agente irregularmente investido no cargo, emprego ou função, porém exterioriza a aparência de legalidade.

b. **Incapacidade** – Ocorre em razão da falta de requisitos que determinam a própria capacidade civil do agente, conforme a disciplina dos arts. 3º e 4º do Código Civil (Brasil, 2002a), ou das definições de impedimento (art. 18) e suspeição (art. 20) decorrentes da Lei n. 9.784/1999 (Brasil, 1999b).

— 4.8.2 —
Vícios relativos ao objeto

O objeto do ato administrativo padecerá de vício nas seguintes hipóteses:

a. **Objeto ilícito** – Há proibição decorrente de lei para a realização do ato.

b. **Objeto diverso do previsto na lei** – A lei determina certa consequência para dada hipótese, mas o ato indica outra, diversa.

c. **Objeto impossível** – Se os efeitos do ato não podem ser realizados (de fato ou de direito), o objeto é impossível.

d. **Objeto imoral** – Quando fere diretamente a moralidade que orienta a atuação da Administração Pública.

e. **Objeto indeterminado** – Quando o ato é incerto em relação aos destinatários, às coisas, ao tempo, ao lugar.

— 4.8.3 —
Vícios relativos à forma

Segundo o parágrafo único do art. 2º da Lei 4.717/1965, "O vício de forma consiste na omissão ou na observância incompleta ou irregular de formalidades indispensáveis à existência ou seriedade do ato" (Brasil, 1965).

— 4.8.4 —
Vícios quanto ao motivo

Quando o motivo que deve fundamentar o ato administrativo for falso ou inexistente – materialmente inexistente ou juridicamente inadequado ao resultado obtido, conforme expressão da alínea "d" do parágrafo único do art. 2º da Lei n. 4.717/1965 (Brasil, 1965), estar-se-á diante de vício quanto ao motivo.

— 4.8.5 —
Vícios relativos à finalidade

São vícios relacionados à finalidade aqueles em que há desvio de poder ou de finalidade, verificável esta última, conforme a alínea "e" do parágrafo único do art. 2º da Lei n.4.717/1965, "quando o agente pratica o ato visando a fim diverso daquele previsto, explícita ou implicitamente, na regra de competência" (Brasil, 1965).

Maria Sylvia Zanella Di Pietro (2018, p. 325) afirma que esse conceito deve ser ampliado e que se pode afirmar "que ocorre o desvio de poder quando o agente pratica o ato com inobservância do interesse público ou com objetivo diverso daquele previsto explícita ou implicitamente na lei".

— 4.8.6 —
Consequências decorrentes dos vícios: atos administrativos inexistentes, nulos e anuláveis

Decorrentes da verificação de vícios nos atos administrativos, é possível identificar diferentes categorias em que se classificam tais atos, a depender da possibilidade de saneamento dos vícios. Assim, temos:

a. **Atos inexistentes** – Para essa categoria, os vícios atingem uma gravidade tal que os atos administrativos nem mesmo podem ser considerados existentes. São atos, nas palavras de Celso Antônio Bandeira de Mello (2014, p. 490), que

> assistem no campo do impossível jurídico, como tal entendida a esfera abrangente dos comportamentos que o Direito radicalmente inadmite, isto é, dos crimes que atentem contra a dignidade humana, [...] valendo como exemplo as hipóteses [...] de 'instruções baixadas por autoridade policial para que os subordinados torturem presos, autorizações para que agentes administrativos saqueiem estabelecimentos dos devedores do Fisco ou para que alguém explore trabalho escravo etc.

Desse modo, é impossível qualquer saneamento do ato em questão, restando apenas declarar formalmente sua inexistência e regrar quaisquer efeitos jurídicos que possam ter adentrado o mundo dos fatos em decorrência do malfadado ato.

b. **Atos nulos** – Embora estes sejam atos que efetivamente podem ser considerados existentes, também aqui as nulidades são extremamente graves, visto que não há saneamento possível, quer em virtude de vedação legal, quer porque a prática de ato saneador é materialmente impossível, pois a reprodução do mesmo conteúdo resultaria, novamente, em ato inválido (nulo).

c. **Atos anuláveis** – Essa categoria abarca atos cujos vícios são menos gravosos, de modo que podem ser sanados ou invalidados, conforme for mais conveniente e oportuno para a Administração. Atos que tenham sujeito incompetente, vício de vontade ou defeito de formalidade, que podem ser novamente praticados com a superação do vício que os acometeu, encaixam-se nessa categoria, à qual pertencem, ainda, aqueles assim declarados pela lei.

— 4.8.6 —
Correção dos vícios dos atos administrativos

Quando a Administração Pública pratica atos administrativos viciados, há alguns caminhos que podem ser trilhados para que a situação seja regularizada. Vejamos cada um deles a seguir.

Revogação

Na definição precisa de Maria Sylvia Zanella Di Pietro (2018, p. 331), *revogação* "é o ato administrativo discricionário pelo qual a Administração extingue um ato válido, por razões de oportunidade e conveniência". Isto é, o ato revogatório é outro ato administrativo que retira a existência do anterior, extirpando-o do mundo jurídico.

Conquanto haja uma esfera decisória delegada à Administração Pública para revogar seus próprios atos, tal deliberação não está livre de quaisquer amarras ou limites. Pelo contrário, realizada no espaço discricionário, há de seguir os critérios de conveniência e oportunidade orientadores de qualquer outro ato administrativo discricionário. Além disso, nenhuma revogação pode ser feita sem que esteja fundada em interesse público.

Ressaltamos que apenas podem ser revogados aqueles atos que sejam discricionários. Atos vinculados, ao contrário, jamais poderão ser revogados, pois como retiram fundamento diretamente da lei, sua revogação produziria ato ilegal, o que é proibido à Administração. Relevante ainda anotar que é vedada a revogação de atos que geraram direitos adquiridos, conforme expresso pela Súmula n. 473 do STF (Brasil, 1969).

> **Súmula em destaque**
>
> **STF – Súmula n. 473**
>
> A Administração pode anular seus próprios atos, quando eivados de vícios que os tornem ilegais, porque deles não se originam direitos; ou revogá-los, por motivo de conveniência ou oportunidade, respeitados os direitos adquiridos, e ressalvada, em todos os casos, a apreciação judicial. (Brasil, 1969)

Também é impossível a revogação de qualquer ato administrativo pelo Poder Judiciário, pois este não guarda competência discricionária, não podendo decidir sobre a conveniência e oportunidade do ato sem produzir invasão de competência.

Contudo, é possível que a Administração Pública entenda por conveniente e oportuno revogar seus próprios atos se os entender ilegalmente praticados, o que encontra respaldo no Tema n. 138 de Repercussão Geral do Supremo Tribunal Federal.

> **STF – Tese de Repercussão Geral**
>
> RE 594.296 – Ao Estado é facultada a revogação de atos que repute ilegalmente praticados; porém, se de tais

> atos já tiverem decorrido efeitos concretos, seu desfazimento deve ser precedido de regular processo administrativo. (Brasil, 2016e)
>
> **STF – Tema de Repercussão Geral n. 138**
>
> Anulação de ato administrativo pela Administração, com reflexo em interesses individuais, sem a instauração de procedimento administrativo. (Brasil, 2016f)

Importa observar ainda que, sendo a revogação um novo ato administrativo que retira o anterior, os efeitos produzidos serão sempre *ex nunc*, isto é, permanecerão válidos todos os efeitos produzidos anteriormente pelo ato revogado.

Anulação ou invalidação

Diante de atos nulos ou anuláveis, coloca-se à Administração Pública a possibilidade de anular seus próprios atos, retirando-lhes a existência para retornar aos *status quo ante*. O fundamento da anulação dos atos administrativos pela própria Administração Pública reside em seu poder de autotutela, conforme bem explicitam e esclarecem as Súmulas do STF n. 346 e n. 473.

Súmulas em destaque

STF – Súmulas n. 346 e 473

Súmula n. 346 – A Administração Pública pode declarar a nulidade dos seus próprios atos. (Brasil, 1964d)

Súmula n. 473 – A Administração pode anular seus próprios atos, quando eivados de vícios que os tornem ilegais, porque deles não se originam direitos; ou revogá-los, por motivo de conveniência ou oportunidade, respeitados os direitos adquiridos, e ressalvada, em todos os casos, a apreciação judicial. (Brasil, 1969)

Como um dos objetivos da anulação é o retorno da situação ao *status quo ante*, os efeitos por ela gerados serão *ex tunc*, isto é, desde a raiz, desde a data da edição do ato nulo ou anulável que foi retirado do mundo jurídico. No entanto, em algumas situações, podem ser determinados efeitos *ex nunc* para preservar eventuais direitos gerados e atender aos princípios da moralidade e da boa-fé da Administração Pública.

Quadro 4.3 – Diferenças entre revogação e invalidação

	Sujeito	Motivo	Extinção dos efeitos
Revogação	Administração (autoridade no exercício de função administrativa)	Inconveniência ou inoportunidade do ato	Sempre *ex nunc* (não retroage)

(continua)

(Quadro 4.3 - conclusão)

	Sujeito	Motivo	Extinção dos efeitos
Invalidação (anulação e invalidade)	Administração e Judiciário	Ilegitimidade do ato	*Ex tunc* ou *ex nunc*

Fonte: Bandeira de Mello, 2014, p. 497.

Mas não é apenas a Administração Pública que pode anular seus próprios atos. Também o Poder Judiciário, quando provocado a tanto, no exercício da função de controle da Administração Pública (que abordaremos adiante), pode decretar a nulidade dos atos administrativos em razão de vícios que os acometam.

Convalidação

Observando a Administração Pública que ato que praticou comporta algum vício que o torne anulável, pode saneá-lo por meio da edição de outro ato administrativo, dessa vez isento do vício que antes pendia sobre o referido ato. Essa prática é denominada *convalidação*. Nas palavras de Maria Sylvia Zanella Di Pietro (2018, p. 328), "Convalidação ou saneamento é o ato administrativo pelo qual é suprido o vício existente em um ato ilegal, com efeitos retroativos à data em que este foi praticado".

Acórdão em destaque

STJ – Recurso Ordinário em Mandado de Segurança n. 24.339/TO

RECURSO EM MANDADO DE SEGURANÇA. ADMINISTRATIVO. ENQUADRAMENTO DE PROFESSORA DO ESTADO DE TOCANTINS, COM BASE EM ASCENSÃO FUNCIONAL. LEI ESTADUAL DE TOCANTINS 351/92, POSTERIORMENTE REVOGADA. NORMA INCONSTITUCIONAL. ATO PRATICADO SOB OS AUSPÍCIOS DO ENTÃO VIGENTE ESTATUTO DO MAGISTÉRIO DO ESTADO DE TOCANTINS. PREPONDERÂNCIA DO PRINCÍPIO DA SEGURANÇA JURÍDICA E DA RAZOABILIDADE. CONVALIDAÇÃO DOS EFEITOS JURÍDICOS. SERVIDORA QUE JÁ SE ENCONTRA APOSENTADA. RECURSO ORDINÁRIO PROVIDO.

1. O poder-dever da Administração de invalidar seus próprios atos encontra limite temporal no princípio da segurança jurídica, pela evidente razão de que os administrados não podem ficar indefinidamente sujeitos à instabilidade originada do poder de autotutela do Estado, e na convalidação dos efeitos produzidos, quando, em razão de suas consequências jurídicas, a manutenção do ato atenderá mais ao interesse público do que sua invalidação.

2. A infringência à legalidade por um ato administrativo, sob o ponto de vista abstrato, sempre será prejudicial ao

interesse público; por outro lado, quando analisada em face das circunstâncias do caso concreto, nem sempre sua anulação será a melhor solução. Em face da dinâmica das relações jurídicas sociais, haverá casos em que o próprio interesse da coletividade será melhor atendido com a subsistência do ato nascido de forma irregular.

3. O poder da Administração, destarte, não é absoluto, de forma que a recomposição da ordem jurídica violada está condicionada primordialmente ao interesse público. O decurso do tempo ou a convalidação dos efeitos jurídicos, em certos casos, é capaz de tornar a anulação de um ato ilegal claramente prejudicial ao interesse público, finalidade precípua da atividade exercida pela Administração.

4. O art. 54 da Lei 9.784/99 funda-se na importância da segurança jurídica no domínio do Direito Público, estipulando o prazo decadencial de 5 anos para a revisão dos atos administrativos viciosos (sejam eles nulos ou anuláveis) e permitindo, *a contrario sensu*, a manutenção da eficácia dos mesmos, após o transcurso do interregno quinquenal, mediante a convalidação *ex ope temporis*, que tem aplicação excepcional a situações típicas e extremas, assim consideradas aquelas em que avulta grave lesão a direito subjetivo, sendo o seu titular isento de responsabilidade pelo ato eivado de vício.

5. Cumprir a lei nem que o mundo pereça é uma atitude que não tem mais o abono da Ciência Jurídica, neste tempo em que o espírito da justiça se apoia nos direitos fundamentais da pessoa humana, apontando que a

> razoabilidade é a medida sempre preferível para se mensurar o acerto ou desacerto de uma solução jurídica.
>
> 6. O ato que investiu a recorrente no cargo de Professora Nível IV, em 06.01.93, sem a prévia aprovação em concurso público e após a vigência da norma prevista no art. 37, II da Constituição Federal, é induvidosamente ilegal, no entanto, a sua efetivação sob os auspícios de legislação vigente à época, (em que pese sua inconstitucionalidade), a aprovação de sua aposentadoria pelo Tribunal de Contas, e o transcurso de mais de 5 anos, consolidou uma situação fática para a qual não se pode fechar os olhos, vez que produziu consequências jurídicas inarredáveis. Precedente do Pretório Excelso.
>
> 7. A singularidade deste caso o extrema de quaisquer outros e impõe a prevalência do princípio da segurança jurídica na ponderação dos valores em questão (legalidade *vs* segurança), não se podendo ignorar a realidade e aplicar a norma jurídica como se incidisse em ambiente de absoluta abstratividade.
>
> 8. Recurso Ordinário provido, para assegurar o direito de a recorrente preservar sua aposentadoria no cargo de Professor, nível IV, referência 23, do Estado do Tocantins. (Brasil, 2008a)

Salientamos, aqui, que somente podem ser convalidados atos anuláveis, nunca os que são nulos, pois, para estes últimos, o vício não comporta qualquer salvação. A jurisprudência do STJ é firme nesse sentido. Vejamos a ementa do Recurso Ordinário em Mandado de Segurança n. 29.206/MG:

> ADMINISTRATIVO. MANDADO DE SEGURANÇA. SERVIDOR PÚBLICO ESTADUAL. REMOÇÃO EX OFFICIO PARA LOCALIDADE DIVERSA DAQUELA PARA QUAL O CANDIDATO SE INSCREVEU. FALTA DE MOTIVAÇÃO DO ATO INQUINADO. NULIDADE. DIREITO LÍQUIDO E CERTO CONFIGURADO. SEGURANÇA CONCEDIDA.
>
> 1. O ato administrativo requer a observância, para sua validade, dos princípios da legalidade, impessoalidade, moralidade e eficiência, previstos no caput do art. 37 da Constituição Federal, bem como daqueles previstos no caput do art. 2º da Lei 9.784/99, dentre os quais os da finalidade, razoabilidade, motivação, segurança jurídica e interesse público.
>
> 2. A Lei 9.784/99 contempla, em seu art. 50, que os atos administrativos deverão ser motivados, com a indicação dos fatos e dos fundamentos jurídicos, de forma explícita, clara e congruente, nas hipóteses de anulação, revogação, suspensão ou de sua convalidação (art. 50, VIII, e § 1º, da Lei 9.784/99).
>
> 3. No caso em exame, após a aprovação e nomeação para o cargo de Especialista em Políticas e Gestão em Saúde, na localidade de Além Paraíba/MG, a servidora foi removida, *ex officio*, sem a devida motivação, para a cidade Leopoldina/MG, local diverso daquele para o qual se inscrevera, sem a devida motivação.

4. Não há falar em convalidação de ato administrativo que padece de nulidade. Direito líquido e certo comprovado de plano.

5. Recurso provido, para conceder a segurança. (Brasil, 2013b)

Também nos casos de frontal ilegalidade, não se pode convalidar o ato administrativo, conforme já decidido pelo Superior Tribunal de Justiça no Agravo Regimental no Recurso em Mandado de Segurança n. 49.085/RJ:

> ADMINISTRATIVO. PROCESSUAL CIVIL. AGRAVO REGIMENTAL NO RECURSO ORDINÁRIO EM MANDADO DE SEGURANÇA. CARTÓRIOS EXTRAJUDICIAIS. DESMEMBRAMENTO DE SERVENTIAS. PREVISÃO NORMATIVA EXPRESSA. CIÊNCIA DO DELEGATÓRIO SOBRE A PRECARIEDADE DA SITUAÇÃO DE CUMULAÇÃO DE SERVIÇOS. INEXISTÊNCIA DE DIREITO ADQUIRIDO "CONTRA LEGEM". SÚMULA 46/STF. JURISPRUDÊNCIA DO STJ.
>
> 1. A ciência inequívoca do delegatário sobre a sua investidura precária em serventia, a título de substituição temporária, não autoriza a convalidação dessa situação ainda que decorrido demasiado tempo desde o ato administrativo que tratou do assunto, sobretudo ao considerar que em assim sendo haveria inegável afronta ao disposto no art. 236, § 3.º, da Constituição da República.
>
> 2. Não há falar, portanto, em direito adquirido "contra legem".

3. Segundo a dicção da Súmula 46/STF, o desmembramento de serventia de justiça não viola o princípio de vitaliciedade do serventuário.

4. Agravo regimental não provido. (Brasil, 2015c)

Por fim, nas hipóteses de convalidação, deve observar também a Administração Pública se existe a conveniência e a oportunidade para fazê-lo, pois, se o resultado for um ato que gere mais efeitos danosos do que benéficos (para terceiros, por exemplo), o melhor caminho é, desde logo, decretar a nulidade do ato.

Confirmação

Por outro lado, há hipóteses em que a anulação do ato não atende ao interesse público, pois sua retirada do mundo jurídico causará mais dano do que sua manutenção. Nesses casos, está-se diante da circunstância denominada *confirmação*, que, nas palavras de Maria Sylvia Zanella Di Pietro (2018, p. 331), "implica renúncia ao poder de anular o ato ilegal".

Explica a autora que "A confirmação difere da convalidação porque ela não corrige o vício do ato; ela o mantém tal como foi praticado. Somente é possível quando não causar prejuízo a terceiros, uma vez que estes, desde que prejudicados pela decisão, poderão impugná-la pela via administrativa ou judicial" (Di Pietro, 2018, p. 331).

Capítulo 5

Controle da Administração Pública

Umbilicalmente ligado ao capítulo anterior (tanto que dele poderia ter feito parte, tendo sido separado apenas por razões didáticas e para facilitar a compreensão), abordaremos, aqui, o controle da Administração Pública, com especial ênfase nas modalidades interna e externa, esta última realizada pelo Poder Legislativo e pelo Poder Judiciário.

— 5.1. —
Conceito e abrangência

Na sistemática de atribuição de funções às parcelas de poder do Estado, conforme vimos no Capítulo 1, foram estabelecidas três funções básicas e fundamentais, a saber: a executiva, a legislativa e a judiciária. Para que não haja abusos, entretanto, cada um desses poderes controla o outro, de modo que o Judiciário sofre controle do Executivo e do Legislativo, o Legislativo é controlado pelo Executivo e pelo Judiciário, e, finalmente, o Executivo submete-se a controle do Judiciário e do Legislativo. Essa peculiar sistemática de controle, estudada com maior profundidade no Direito Constitucional, recebe a denominação de **sistema de freios e contrapesos**, nomenclatura derivada da teoria americana *checks and balances*, da qual tal sistema foi adaptado.

Desse modo, toda a Administração Pública, quer direta, quer indireta, está sujeita a *controle*, o que Maria Sylvia Zanella Di Pietro (2018, p. 971) define "como o poder de fiscalização e correção que sobre ela exercem os órgãos dos Poderes Judiciário,

Legislativo e Executivo, com o objetivo de garantir a conformidade de sua atuação com os princípios que lhe são impostos pelo ordenamento jurídico".

Mais do que apenas um poder, o controle traduz-se em verdadeiro dever, pois alinha-se diretamente à realização do interesse público, especificamente aquele de frear e conter o abuso de poder, garantindo que todos os atos administrativos emitidos estejam alinhados com o regime jurídico administrativo delineado pelos princípios já estudados no Capítulo 2.

— 5.2 —
Espécies de controle

Diversas são as classificações do controle administrativo, cada qual delas adotando diferentes critérios. Há pelo menos três critérios que são os mais relevantes e mais comumente identificados pela doutrina. Vejamos a seguir.

1. **Quanto ao momento em que efetuado** – Nessa hipótese, pode ser prévio, concomitante ou posterior. Será **prévio** quando o exercício do ato administrativo depender de aprovação do Congresso Nacional ou de uma de suas casas (por exemplo, art. 49, inciso XVII, da CF de 1988); **concomitante**, quando seu acompanhamento for feito ao mesmo tempo em que se produz o procedimento controlado (por exemplo, art. 74, inciso I, da CF de 1988); e *posterior*, quando submeter a revisão atos já praticados (por exemplo, art. 71, inciso II, da CF de 1988).

Norma em destaque

Constituição Federal de 1988, art. 49, XVII; art. 71, II; e art. 74, I

Art. 49. É da competência exclusiva do Congresso Nacional:

[...]

XVII – aprovar, previamente, a alienação ou concessão de terras públicas com área superior a dois mil e quinhentos hectares.

[...]

Art. 71. O controle externo, a cargo do Congresso Nacional, será exercido com o auxílio do Tribunal de Contas da União, ao qual compete:

[...]

II – julgar as contas dos administradores e demais responsáveis por dinheiros, bens e valores públicos da administração direta e indireta, incluídas as fundações e sociedades instituídas e mantidas pelo Poder Público federal, e as contas daqueles que derem causa a perda, extravio ou outra irregularidade de que resulte prejuízo ao erário público;

[...]

Art. 74. Os Poderes Legislativo, Executivo e Judiciário manterão, de forma integrada, sistema de controle interno com a finalidade de:

> I – avaliar o cumprimento das metas previstas no plano plurianual, a execução dos programas de governo e dos orçamentos da União; (Brasil, 1988)

2. **Quanto ao órgão que o exerce** – Nessa hipótese, pode ser administrativo, legislativo ou judicial. Será **administrativo** quando exercido pelo Poder Executivo, que concentra a maior parte da atividade administrativa; será **legislativo** quando exercido pelo Poder Legislativo; e será **judicial** quando exercido pelo Poder Judiciário.
3. **Quanto ao fato de ser integrante ou não da própria estrutura administrativa** – Nessa hipótese, pode ser interno ou externo. Será **interno** quando corresponder a órgão de controle alojado no próprio interior da Administração Pública; e será **externo** quando o órgão de controle não pertencer à estrutura administrativa.

— 5.3 —
Controle interno da Administração Pública: controle administrativo

Maria Sylvia Zanella Di Pietro (2018, p. 972) conceitua *controle administrativo* como "o poder de fiscalização e correção que a Administração Pública (em sentido amplo) exerce sobre sua própria atuação, sob os aspectos de legalidade e mérito, por iniciativa própria ou mediante provocação". E explica a autora que ele:

> Abrange os órgãos da Administração Direta ou centralizada e as pessoas jurídicas que integram a Administração Indireta ou descentralizada.
>
> O controle sobre os órgãos da Administração Direta é um controle interno e decorre do poder de autotutela que permite à Administração Pública rever os próprios atos quando ilegais, inoportunos ou inconvenientes.
>
> [...]
>
> Esse controle sobre os próprios atos pode ser exercido *ex officio*, quando a autoridade competente constatar a ilegalidade de seu próprio ato ou de ato de seus subordinados; e pode ser provocado pelos administrados por meio dos recursos administrativos. (Di Pietro, 2018, p. 973)

É, portanto, um controle tipicamente interno, definido este nas palavras de Marçal Justen Filho (2016, p. 1.579) como "dever-poder imposto ao próprio Poder de promover a verificação permanente e contínua da legalidade e da oportunidade da atuação administrativa própria, visando a prevenir ou eliminar defeitos ou a aperfeiçoar a atividade administrativa, promovendo as medidas necessárias a tanto".

Acórdão em destaque

STJ – Mandado de Segurança n. 9.643/DF

MANDADO DE SEGURANÇA. PORTARIA N. 68/2004, DO MINISTÉRIO DO CONTROLE E DA TRANSPARÊNCIA. RECURSOS PÚBLICOS FEDERAIS REPASSADOS AOS MUNICÍPIOS. FISCALIZAÇÃO PELA CONTROLADORIA-GERAL DA UNIÃO.

[...]

4. Destarte, no âmbito infraconstitucional, a Lei 10.683/2002, que dispõe sobre a organização da Presidência da República e dos Ministérios, prevê, em seu art. 17, que "À Controladoria-Geral da União compete assistir direta e imediatamente ao Presidente da República no desempenho de suas atribuições, quanto aos assuntos e providências que, no âmbito do Poder Executivo, sejam atinentes à defesa do patrimônio público, ao controle interno, à auditoria pública, às atividades de ouvidoria-geral e ao incremento da transparência da gestão no âmbito da Administração Pública Federal".

5. Consectário desse poder-dever é o de que os auditores da Secretaria Federal de Controle Interno, examinam as contas e documentos, e fazem inspeção pessoal e física das obras e serviços executados a partir de recursos transferidos pelo Poder Público Federal. Enquanto à Controladoria-Geral da União compete o controle

> interno, ao Tribunal de Contas da União cabe o controle externo.
>
> 6. Outrossim, na forma do art. 26 da Lei 10.108/2001, "nenhum processo, documento ou informação poderá ser sonegado aos servidores dos Sistemas de Contabilidade Federal e de Controle Interno do Poder Executivo Federal, no exercício das atribuições inerentes às atividades de registros contábeis, de auditoria, fiscalização e avaliação de gestão". (Brasil, 2005b)

Esse controle administrativo, interno, dever inexorável da Administração Pública, verifica-se em duas dimensões, ambas vinculantes:

1. A primeira, por iniciativa própria, traduzida no **poder autotutela**, impõe a Administração Pública a constante verificação de seus atos para averiguação de seus requisitos e eventual revogação ou convalidação, na hipótese de serem encontrados vícios que maculem o ato sob controle.

2. A segunda, por iniciativa dos administrados, traduzida pelo **direito de petição**, confere ao cidadão a possibilidade de deduzir manifestação administrativa voltada ao controle de qualquer ato, a partir da qual a Administração Pública deverá atuar.

5.4
Controle externo da Administração Pública

Nas palavras de Marçal Justen Filho (2016, p. 1.587), "O controle externo é o dever-poder atribuído constitucionalmente e instituído por lei como competência específica de certos Poderes e órgãos, tendo por objeto identificar e prevenir defeitos ou aperfeiçoar a atividade administrativa, promovendo as medidas necessárias para tanto".

Nessa perspectiva, se o controle interno era exercido pelo próprio Poder Executivo no exercício de sua função, o controle externo volta-se à atuação dos Poderes Legislativo e Judiciário.

5.4.1
Controle legislativo

O exercício de controle pelo Poder Legislativo deriva da esfera de competências que lhe atribui a CF de 1988, como parte integrante do sistema de freios e contrapesos estabelecido para controle dos poderes e das funções do Estado. Isso não significa que esteja o Legislativo autorizado a interferir na função executiva para exercê-la como própria: seria inequívoca invasão de competência.

São dois os tipos de controle exercidos pelo Poder Legislativo em relação aos atos emitidos pelo Poder Executivo: o controle político e o controle financeiro.

Controle político

Esse controle é exercido pela verificação de aspectos ora de mérito, ora de legalidade dos atos administrativos. Por isso, adentra na averiguação de aspectos que concernem à própria escolha pública, examinando inclusive os atos formulados com base em escolha discricionária, não para verificar a adequação entre motivo/motivação desses atos, mas para fazer juízo dos próprios critérios de conveniência e oportunidade diante do interesse público. Daí por que sua natureza é essencialmente política.

O controle político abrange:

- **Controles prévios ou posteriores exercidos pelo Congresso Nacional** (CF de 1988, art. 49, incisos I, II, III, IV, V, IX, X, XII, XIV, XVI e XVII) **e pelo Senado** (CF de 1988, art. 52, incisos III, IV, V e XI):

> Art. 49. É da competência exclusiva do Congresso Nacional:
>
> I – resolver definitivamente sobre tratados, acordos ou atos internacionais que acarretem encargos ou compromissos gravosos ao patrimônio nacional;

II – autorizar o Presidente da República a declarar guerra, a celebrar a paz, a permitir que forças estrangeiras transitem pelo território nacional ou nele permaneçam temporariamente, ressalvados os casos previstos em lei complementar;

III – autorizar o Presidente e o Vice-Presidente da República a se ausentarem do País, quando a ausência exceder a quinze dias;

IV – aprovar o estado de defesa e a intervenção federal, autorizar o estado de sítio, ou suspender qualquer uma dessas medidas;

V – sustar os atos normativos do Poder Executivo que exorbitem do poder regulamentar ou dos limites de delegação legislativa;

[...]

IX – julgar anualmente as contas prestadas pelo Presidente da República e apreciar os relatórios sobre a execução dos planos de governo;

X – fiscalizar e controlar, diretamente, ou por qualquer de suas Casas, os atos do Poder Executivo, incluídos os da administração indireta;

[...]

XII – apreciar os atos de concessão e renovação de concessão de emissoras de rádio e televisão;

[...]

XIV – aprovar iniciativas do Poder Executivo referentes a atividades nucleares;

[...]

XVI – autorizar, em terras indígenas, a exploração e o aproveitamento de recursos hídricos e a pesquisa e lavra de riquezas minerais;

XVII – aprovar, previamente, a alienação ou concessão de terras públicas com área superior a dois mil e quinhentos hectares.

[...]

Art. 52. Compete privativamente ao Senado Federal:

[...]

III – aprovar previamente, por voto secreto, após arguição pública, a escolha de:

a) Magistrados, nos casos estabelecidos nesta Constituição;

b) Ministros do Tribunal de Contas da União indicados pelo Presidente da República;

c) Governador de Território;

d) Presidente e diretores do banco central;

e) Procurador-Geral da República;

f) titulares de outros cargos que a lei determinar;

IV – aprovar previamente, por voto secreto, após arguição em sessão secreta, a escolha dos chefes de missão diplomática de caráter permanente;

V – autorizar operações externas de natureza financeira, de interesse da União, dos Estados, do Distrito Federal, dos Territórios e dos Municípios;

[...]

XI – aprovar, por maioria absoluta e por voto secreto, a exoneração, de ofício, do Procurador-Geral da República antes do término de seu mandato; (Brasil, 1988)

Acórdão em destaque

STF – Petição n. 5.647/DF

DIREITO PENAL E PROCESSUAL PENAL. QUEIXA-CRIME. INJÚRIA. DIFAMAÇÃO. SÚMULA 714/STF. DECLARAÇÕES EM ENTREVISTA VINCULADA À ATIVIDADE PARLAMENTAR. DEPUTADO FEDERAL. IMUNIDADE MATERIAL. ATIPICIDADE DA CONDUTA. REJEIÇÃO.

1. É concorrente a legitimidade do ofendido, mediante queixa, e do Ministério Público, condicionada à representação do ofendido, para a ação penal por crime contra a honra de servidor público em razão do exercício de suas funções (Súmula 714/STF).

2. As manifestações do parlamentar possuem nexo de casualidade com a atividade legislativa.

3. A imunidade cível e penal do parlamentar federal tem por objetivo viabilizar o pleno exercício do mandato.

4. O excesso de linguagem pode configurar, em tese, quebra de decoro, a ensejar o controle político

5. Não incide, na hipótese, a tutela penal, configurando-se a atipicidade da conduta. Precedentes.

Queixa-crime rejeitada. (Brasil, 2015e)

- **Apuração de irregularidades pelas Comissões Parlamentares de Inquérito** (CF de 1988, art. 58, § 3º):

  Art. 58. [...]

  [...]

  § 3º As comissões parlamentares de inquérito, que terão poderes de investigação próprios das autoridades judiciais, além de outros previstos nos regimentos das respectivas Casas, serão criadas pela Câmara dos Deputados e pelo Senado Federal, em conjunto ou separadamente, mediante requerimento de um terço de seus membros, para a apuração de fato determinado e por prazo certo, sendo suas conclusões, se for o caso, encaminhadas ao Ministério Público, para que promova a responsabilidade civil ou criminal dos infratores; (Brasil, 1988)

- **Processamento e julgamento de autoridades do Poder Executivo e Judiciário nos casos de crimes de responsabilidade** (CF de 1988, art. 52, incisos I e II):

  Art. 52. Compete privativamente ao Senado Federal:

  I – processar e julgar o Presidente e o Vice-Presidente da República nos crimes de responsabilidade, bem como os Ministros de Estado e os Comandantes da Marinha, do Exército e da Aeronáutica nos crimes da mesma natureza conexos com aqueles;

  II – processar e julgar os Ministros do Supremo Tribunal Federal, os membros do Conselho Nacional de Justiça e do

Conselho Nacional do Ministério Público, o Procurador-Geral da República e o Advogado-Geral da União nos crimes de responsabilidade; (Brasil, 1988)

- **Convocação de autoridades do Poder Executivo para pessoalmente prestar informações ou encaminhá-las por escrito para as Mesas das Casas** (CF de 1988, art. 50, *caput* e § 2º):

> Art. 50. A Câmara dos Deputados e o Senado Federal, ou qualquer de suas Comissões, poderão convocar Ministro de Estado ou quaisquer titulares de órgãos diretamente subordinados à Presidência da República para prestarem, pessoalmente, informações sobre assunto previamente determinado, importando crime de responsabilidade a ausência sem justificação adequada.
>
> [...]
>
> § 2º As Mesas da Câmara dos Deputados e do Senado Federal poderão encaminhar pedidos escritos de informações a Ministros de Estado ou a qualquer das pessoas referidas no caput deste artigo, importando em crime de responsabilidade a recusa, ou o não – atendimento, no prazo de trinta dias, bem como a prestação de informações falsas. (Brasil, 1988)

O controle político, como visto, não é em si um controle administrativo, e com ele não deve ser confundido. Basta lembrar da distinção que evidenciamos entre função política e função administrativa. Ora, o controle político é aquele exercido diretamente sobre a função política, ou de governo.

Controle financeiro: os tribunais de contas

O controle financeiro é exercido pelos tribunais de contas da União e dos estados, conforme disciplina dos arts. 70 a 75 da Constituição (Brasil, 1988).

Acórdão em destaque

STJ – Recurso Ordinário em Mandado de Segurança n. 11.060/GO

CONSTITUCIONAL E ADMINISTRATIVO. CONTROLE EXTERNO DA ADMINISTRAÇÃO PÚBLICA. ATOS PRATICADOS POR PREFEITO, NO EXERCÍCIO DE FUNÇÃO ADMINISTRATIVA E GESTORA DE RECURSOS PÚBLICOS. JULGAMENTO PELO TRIBUNAL DE CONTAS. NÃO SUJEIÇÃO AO DECISUM DA CÂMARA MUNICIPAL. COMPETÊNCIAS DIVERSAS. EXEGESE DOS ARTS. 31 E 71 DA CONSTITUIÇÃO FEDERAL.

Os arts. 70 a 75 da *Lex Legum* deixam ver que o controle externo – contábil, financeiro, orçamentário, operacional e patrimonial – da administração pública é tarefa atribuída ao Poder Legislativo e ao Tribunal de Contas. O primeiro, quando atua nesta seara, o faz com o auxílio do segundo que, por sua vez, detém competências que lhe são próprias e exclusivas e que para serem exercitadas independem da interveniência do Legislativo.

O conteúdo das contas globais prestadas pelo Chefe do Executivo é diverso do conteúdo das contas dos administradores e gestores de recurso público. As primeiras demonstram o retrato da situação das finanças da unidade federativa (União, Estados, DF e Municípios).

Revelam o cumprir do orçamento, dos planos de governo, dos programas governamentais, demonstram os níveis de endividamento, o atender aos limites de gasto mínimo e máximo previstos no ordenamento para saúde, educação, gastos com pessoal. Consubstanciam-se, enfim, nos Balanços Gerais prescritos pela Lei 4.320/64. Por isso, é que se submetem ao parecer prévio do Tribunal de Contas e ao julgamento pelo Parlamento (art. 71, I c./c. 49, IX da CF/88).

As segundas – contas de administradores e gestores públicos, dizem respeito ao dever de prestar (contas) de todos aqueles que lidam com recursos públicos, captam receitas, ordenam despesas (art. 70, parágrafo único da CF/88). Submetem-se a julgamento direto pelos Tribunais de Contas, podendo gerar imputação de débito e multa (art. 71, II e § 3º da CF/88).

Destarte, se o Prefeito Municipal assume a dupla função, política e administrativa, respectivamente, a tarefa de executar orçamento e o encargo de captar receitas e ordenar despesas, submete-se a duplo julgamento. Um político perante o Parlamento precedido de parecer prévio; o outro técnico a cargo da Corte de Contas.

> Inexistente, *in casu*, prova de que o Prefeito não era o responsável direto pelos atos de administração e gestão de recursos públicos inquinados, deve prevalecer, por força ao art. 19, inc. II, da Constituição, a presunção de veracidade e legitimidade do ato administrativo da Corte de Contas dos Municípios de Goiás.
>
> Recurso ordinário desprovido. (Brasil, 2002b)

Os tribunais de contas são órgãos auxiliares do Poder Legislativo voltados à realização do controle externo dos atos emitidos pela Administração Pública direta e indireta, especificamente, na dicção constitucional (CF de 1988, art. 70, *caput*), a "fiscalização contábil, financeira, orçamentária, operacional e patrimonial da União" (Brasil, 1988). Embora a referência do mencionado art. 71 seja à União, a dicção é também aplicável aos estados e municípios, por força da determinação contida no art. 75.

O art. 71 da CF de 1988 traz o rol de competências fiscalizatórias conferidas ao Tribunal de Contas da União (TCU). Vejamos.

Norma em destaque

Constituição Federal de 1988, art. 71

Art. 71. O controle externo, a cargo do Congresso Nacional, será exercido com o auxílio do Tribunal de Contas da União, ao qual compete:

I – apreciar as contas prestadas anualmente pelo Presidente da República, mediante parecer prévio que deverá ser elaborado em sessenta dias a contar de seu recebimento;

II – julgar as contas dos administradores e demais responsáveis por dinheiros, bens e valores públicos da administração direta e indireta, incluídas as fundações e sociedades instituídas e mantidas pelo Poder Público federal, e as contas daqueles que derem causa a perda, extravio ou outra irregularidade de que resulte prejuízo ao erário público;

III – apreciar, para fins de registro, a legalidade dos atos de admissão de pessoal, a qualquer título, na administração direta e indireta, incluídas as fundações instituídas e mantidas pelo Poder Público, excetuadas as nomeações para cargo de provimento em comissão, bem como a das concessões de aposentadorias, reformas e pensões, ressalvadas as melhorias posteriores que não alterem o fundamento legal do ato concessório;

IV – realizar, por iniciativa própria, da Câmara dos Deputados, do Senado Federal, de Comissão técnica ou de inquérito, inspeções e auditorias de natureza contábil, financeira, orçamentária, operacional e patrimonial, nas unidades administrativas dos Poderes Legislativo, Executivo e Judiciário, e demais entidades referidas no inciso II;

V – fiscalizar as contas nacionais das empresas supranacionais de cujo capital social a União participe, de forma direta ou indireta, nos termos do tratado constitutivo;

VI – fiscalizar a aplicação de quaisquer recursos repassados pela União mediante convênio, acordo, ajuste ou outros instrumentos congêneres, a Estado, ao Distrito Federal ou a Município;

VII – prestar as informações solicitadas pelo Congresso Nacional, por qualquer de suas Casas, ou por qualquer das respectivas Comissões, sobre a fiscalização contábil, financeira, orçamentária, operacional e patrimonial e sobre resultados de auditorias e inspeções realizadas;

VIII – aplicar aos responsáveis, em caso de ilegalidade de despesa ou irregularidade de contas, as sanções previstas em lei, que estabelecerá, entre outras cominações, multa proporcional ao dano causado ao erário;

IX – assinar prazo para que o órgão ou entidade adote as providências necessárias ao exato cumprimento da lei, se verificada ilegalidade;

X – sustar, se não atendido, a execução do ato impugnado, comunicando a decisão à Câmara dos Deputados e ao Senado Federal;

XI – representar ao Poder competente sobre irregularidades ou abusos apurados. (Brasil, 1988)

Importante observar que a competência assim exercida não é jurisdicional, mas administrativa, o que significa que qualquer ato de controle emitido por um tribunal de contas poderá ser submetido à posterior apreciação do Poder Judiciário (CF, art. 5°, inciso XXXV). Nesse sentido, Marçal Justen Filho (2016, p. 1.600) observa:

> A opção de não integrar o Tribunal de Contas na estrutura do Poder Judiciário resultou, por certo, da intenção de manter seus atos sujeitos ao controle jurisdicional. Isso não configura qualquer redução da dignidade ou autonomia do Tribunal de Contas, uma vez que os atos próprios dos demais Poderes também estão sujeitos ao controle jurisdicional.

Acórdão em destaque

STF – Mandado de Segurança n. 26.000/SC

> **Mandado de segurança. Ato do Tribunal de Contas da União. Competência prevista no art. 71, IX, da Constituição Federal. Termo de sub-rogação e rer-ratificação derivado de contrato de concessão anulado. Nulidade. Não configuração de violação dos princípios do contraditório e da ampla defesa. Segurança denegada.**
>
> 1. De acordo com a jurisprudência do STF, "o Tribunal de Contas da União, embora não tenha poder para anular ou sustar contratos administrativos, tem competência, conforme o art. 71, IX, para determinar à autoridade administrativa que promova a anulação do contrato e, se for o caso, da licitação de que se originou" (MS 23.550, redator do acórdão o Ministro **Sepúlveda Pertence**, Plenário, DJ de 31/10/01). Assim, perfeitamente legal

> a atuação da Corte de Contas ao assinar prazo ao Ministério dos Transportes para garantir o exato cumprimento da lei.
>
> 2. Contrato de concessão anulado em decorrência de vícios insanáveis praticados no procedimento licitatório. Atos que não podem ser convalidados pela Administração Federal. Não pode subsistir sub-rogação se o contrato do qual derivou é inexistente.
>
> 3. Não ocorrência de violação dos princípios do contraditório e da ampla defesa. A teor do art. 250, V, do RITCU, participaram do processo tanto a entidade solicitante do exame de legalidade, neste caso a ANTT, órgão competente para tanto, como a empresa interessada, a impetrante (Ecovale S.A.).
>
> 4. Segurança denegada. (Brasil, 2012b, grifo do original)

Vale lembrar, por fim, que o controle financeiro tem enorme importância para evitar a escalada de gastos públicos, sobretudo quando não autorizados ou desrespeitadores do interesse público.

Observância do devido processo legal

O devido processo legal, garantia prevista na Constituição no art. 5º, incisos LIV e LV ("LIV – ninguém será privado da liberdade ou de seus bens sem o devido processo legal; LV – aos litigantes, em processo judicial ou administrativo, e aos acusados em geral são assegurados o contraditório e ampla defesa, com os meios e recursos a ela inerentes") é imperativa para os tribunais de contas. A consagração da jurisprudência sólida que já desenvolvia nesse sentido no STF veio com a edição da Súmula Vinculante n. 3, cujo verbete dispõe o seguinte:

> Nos processos perante o Tribunal de Contas da União asseguram-se o contraditório e a ampla defesa quando da decisão puder resultar anulação ou revogação de ato administrativo que beneficie o interessado, excetuada a apreciação da legalidade do ato de concessão inicial de aposentadoria, reforma e pensão. (Brasil, 2007f)

Os tribunais de contas, a despeito de não estarem vinculados ao Poder Judiciário, mas ao Poder Legislativo, nem por isso podem ignorar a observância do devido processo legal. Admitir tal hipótese seria equivalente a aceitar um espaço arbitrário de atuação do Estado, o que não é possível em nosso ordenamento jurídico.

— 5.4.2 —
Controle judicial da Administração Pública

Pelo **princípio da unidade ou universalidade de jurisdição**, veiculado no art. 5º, inciso XXXV, da CF de 1988 e espelhado em sua literalidade no art. 3º do Código de Processo Civil – "Não se excluirá da apreciação jurisdicional ameaça ou lesão a direito"

(Brasil, 2015a) –, sequer a ameaça de lesão a direitos pode ser excluída da apreciação do Poder Judiciário. Isso significa que todo e qualquer ato da Administração Pública pode ser submetido ao exame judicial.

Há, no entanto, **limites**. Isto é, embora todo e qualquer ato possa ser apreciado no âmbito do controle jurisdicional, há aspectos do ato impenetráveis mesmo para o Poder Judiciário, que limitará sua apreciação ao controle de legalidade e de moralidade do ato, mas não se debruçará sobre seu mérito.

Nesse contexto, está excluída do controle do Poder Judiciário a apreciação subjetiva sobre os atos que lhe são levados a exame. É por isso que o controle da discricionariedade, por exemplo, limita-se a verificar se o ato está ou não adequado ao comando legal, ou seja, se a decisão administrativa não ultrapassou as fronteiras que lhe foram impostas pela lei. Em outras palavras, permanece imune à apreciação judicial o chamado *mérito do ato*, composto pelos critérios de conveniência e de oportunidade que orientam a discricionariedade administrativa.

De outro lado, também os atos políticos não poderão ser apreciados pelo controle judicial, pois dizem respeito a escolhas administrativas voltadas ao cumprimento do interesse público – e é vedado ao Judiciário eleger o interesse público mais adequado a ser perseguido pela Administração, sob pena de invadir a competência própria do Poder Executivo.

Isso não significa, contudo, que os atos políticos sejam de todo proibidos de serem submetidos a exame ou controle judicial.

A margem de controle, entretanto, é bastante estreita, pois limitar-se-á a verificar se o ato não causa lesão a qualquer direito fundamental (individual ou coletivo).

Tal debate nos leva a examinar a possibilidade de apreciação judicial das políticas públicas, atos mais políticos do que propriamente administrativos.

Controle judicial das políticas públicas

No conceito preciso de Maria Sylvia Zanella Di Pietro (2018, p. 991), *políticas públicas* "são metas e instrumentos de ação que o Poder Público define para a consecução de interesses públicos que lhe incumbe proteger". E, como bem revela a autora, a "definição das políticas públicas implica opções a serem feitas pelo Poder Público" (Di Pietro, 2018, p. 991).

Em outras palavras, podemos dizer que a política pública compreende um feixe de ações coordenadas para a consecução de determinados interesses públicos, escolhidos pela Administração a partir de metas constitucionalmente fixadas. É o caso, por exemplo, do art. 196 da Constituição, segundo o qual "A saúde é direito de todos e dever do Estado, garantido mediante políticas sociais e econômicas que visem à redução do risco de doença e de outros agravos e ao acesso universal e igualitário às ações e serviços para sua promoção, proteção e recuperação" (Brasil, 1988).

Acórdão em destaque

STF – Repercussão Geral no Recurso Extraordinário n. 657.718/MG

SAÚDE – MEDICAMENTO – FALTA DE REGISTRO NA AGÊNCIA NACIONAL DE VIGILÂNCIA SANITÁRIA – AUSÊNCIA DO DIREITO ASSENTADA NA ORIGEM – RECURSO EXTRAORDINÁRIO – REPERCUSSÃO GERAL – CONFIGURAÇÃO. Possui repercussão geral a controvérsia acerca da obrigatoriedade, ou não, de o Estado, ante o direito à saúde constitucionalmente garantido, fornecer medicamento não registrado na Agência Nacional de Vigilância Sanitária – ANVISA. (Brasil, 2012d)

Trata-se claramente de um dever do Estado, que deverá assim estabelecer políticas públicas para atingir as finalidades constitucionalmente estabelecidas. Então, o legislador definirá as políticas públicas e os meios para seu cumprimento para a Administração Pública. É nesse momento de execução da política pública que o Poder Judiciário tem sido chamado a intervir e estabelecer o controle dos atos praticados (ou omitidos) pelo Poder Executivo.

Contudo, como alerta Maria Sylvia Zanella Di Pietro (2018, p. 994),

Rigorosamente, não pode o Judiciário interferir em políticas públicas, naquilo que a sua definição envolver aspectos de discricionariedade legislativa ou administrativa. O cumprimento das metas constitucionais exige planejamento e exige destinação orçamentária de recursos públicos. Estes são finitos. Não existem em quantidade suficiente para atender a todos os direitos nas áreas social e econômica. Essa definição está fora das atribuições constitucionais do Poder Judiciário. Este pode corrigir ilegalidades e inconstitucionalidades, quando acionado pelas medidas judiciais previstas no ordenamento jurídico, mas não pode substituir as escolhas feitas pelos poderes competentes.

Alheio às limitações que lhe são próprias no controle das políticas públicas (a apreciação restringe-se à verificação e à correção de eventuais legalidades e inconstitucionalidades), o Poder Judiciário, no entanto, tem diuturnamente interferido nas políticas públicas, redesenhando, muitas vezes, a própria escolha administrativa. É o que se costumou denominar *judicialização das políticas públicas*.

O exemplo mais conhecido e que mais chama a atenção atualmente é o da saúde. Nessa área, o Poder Judiciário tem deferido diversas tutelas que visam à obtenção de medicamentos, exames ou tratamentos recusados pela Administração Pública porque seu atendimento, demasiado caro, poderia levar ao colapso do sistema de atendimento mais amplo. E, com frequência, interferências dessa espécie têm dificultado o cumprimento da própria meta estabelecida constitucionalmente, importando em violação, perpetrada pelo Judiciário, ao interesse público e ao próprio texto constitucional.

Instrumentos de controle judicial

A Constituição prevê diversos meios específicos de controle judicial dos atos administrativos. São os denominados *remédios constitucionais*, saber: o *habeas corpus*, o *habeas data*, o mandado de segurança individual, o mandado de segurança coletivo, o mandado de injunção e a ação popular (o direito de petição, embora também seja um dos remédios constitucionais, não será tratado aqui, pois é meio de controle interno da Administração Pública, conforme já visto anteriormente). Além dos remédios constitucionais, também a ação civil pública pode servir para o controle da Administração.

- **Habeas corpus** – Previsto no art. 5º, inciso LXVII, da CF de 1988: "conceder-se-á habeas corpus sempre que alguém sofrer ou se achar ameaçado de sofrer violência ou coação em sua liberdade de locomoção, por ilegalidade ou abuso de poder" (Brasil, 1988). O *habeas corpus* tem por objetivo proteger o direito de locomoção, pode ser impetrado por qualquer pessoa e é gratuito, na expressão do art. 5º, inciso LXXVII, da Constituição.

- **Habeas data** – Já o *habeas data*, veiculado no art. 5º, inciso LXXII, da Constituição:

    Art. 5º [...]

    [...]

    LXXII – Conceder-se-á habeas data:

    a) para assegurar o conhecimento de informações relativas à pessoa do impetrante, constantes de registros ou bancos de dados de entidades governamentais ou de caráter público;

    b) para a retificação de dados, quando não se prefira fazê-lo por processo sigiloso, judicial ou administrativo. (Brasil, 1988)

    Esse remédio constitucional volta-se à obtenção de informações ou retificação de dados do próprio administrado impetrante.

- **Mandado de injunção** – O mandado de injunção, que serve ao propósito de proteger as liberdades públicas, encontra raízes no art. 5º, inciso LXXI, da Constituição: "conceder-se-á mandado de injunção sempre que a falta de norma regulamentadora torne inviável o exercício dos direitos e liberdades constitucionais e das prerrogativas inerentes à nacionalidade, à soberania e à cidadania" (Brasil, 1988).

- **Mandado de segurança individual e coletivo** – O mandado de segurança, que pode ser individual ou coletivo, vem disciplinado no art. 5º, incisos LXIX e LXX da Constituição:

Art. 5º [...]

[...]

LXIX – conceder-se-á mandado de segurança para proteger direito líquido e certo, não amparado por habeas corpus ou habeas data, quando o responsável pela ilegalidade ou abuso de poder for autoridade pública ou agente de pessoa jurídica no exercício de atribuições do Poder Público;

LXX – o mandado de segurança coletivo pode ser impetrado por:

a) partido político com representação no Congresso Nacional;

b) organização sindical, entidade de classe ou associação legalmente constituída e em funcionamento há pelo menos um ano, em defesa dos interesses de seus membros ou associados. (Brasil, 1988)

O mandado de segurança volta-se à proteção de direito líquido e certo oponível à Administração Pública. Ambas as modalidades (individual e coletivo) guardam pressupostos comuns, quais sejam: (a) o ato deve ser de autoridade, (b) praticado com ilegalidade ou abuso de poder, (c) que cause lesão ou ameaça de lesão a (d) direito líquido e certo não amparado por *habeas corpus* ou *habeas data*.

- **Ação popular** – Conforme define o art. 1º da Lei n. 4.717/1965, *ação popular* é o instrumento pelo qual

> Art. 1º Qualquer cidadão será parte legítima para pleitear a anulação ou a declaração de nulidade de atos lesivos ao

patrimônio da União, do Distrito Federal, dos Estados, dos Municípios, de entidades autárquicas, de sociedades de economia mista, de sociedades mútuas de seguro nas quais a União represente os segurados ausentes, de empresas públicas, de serviços sociais autônomos, de instituições ou fundações para cuja criação ou custeio o tesouro público haja concorrido ou concorra com mais de cinquenta por cento do patrimônio ou da receita ânua, de empresas incorporadas ao patrimônio da União, do Distrito Federal, dos Estados e dos Municípios, e de quaisquer pessoas jurídicas ou entidades subvencionadas pelos cofres públicos. (Brasil, 1965)

Esses cinco remédios constitucionais são de grande relevância em nosso ordenamento jurídico e, portanto, devem ser estudados com cuidado. Como vimos, eles possibilitam o controle dos atos administrativos, mas, além disso, constituem forte garantia, conferida ao cidadão, de que a atuação do Estado seja sempre democrática.

— 5.5 —
Controle dos atos administrativos

Conforme já tivemos a oportunidade de analisar, o controle que o Poder Judiciário exerce sobre os atos administrativos é um **controle de legalidade**, e não um controle de mérito. O Poder Judiciário, como vimos, não pode escolher pela Administração

Pública, significando isso que não pode substituir-se ao administrador no exercício da discricionariedade, exercendo juízo de conveniência e oportunidade.

Por isso, ao Poder Judiciário é dado apenas exercer um controle de legalidade dos atos administrativos, isto é, verificar sua adequação com a Constituição e as leis do país.

É exatamente o que manifesta, nesse sentido, a jurisprudência do STJ. Confira a ementa do Agravo Interno no Recurso em Mandado de Segurança n. 52.008/PR:

> ADMINISTRATIVO. CONSTITUCIONAL. MANDADO DE SEGURANÇA. PROCESSO ADMINISTRATIVO DISCIPLINAR. EXONERAÇÃO. DILAÇÃO PROBATÓRIA. IMPOSSIBILIDADE. AGRAVO INTERNO. ALEGAÇÕES DE VÍCIOS NO ACÓRDÃO. INEXISTENTES.
>
> I – Na origem, trata-se de mandado de segurança preventivo impetrado contra ato que deverá ser promovido pelo Governador do Estado do Paraná, consistente na exoneração do impetrante do cargo de investigador de polícia, em razão do seu indiciamento em sindicância administrativa pela prática das condutas equivalentes aos crimes de concussão e porte ilegal de arma de fogo.
>
> II – No Tribunal a quo, denegou-se a ordem. Nesta Corte, negou-se provimento ao recurso ordinário em mandado de segurança.
>
> III – Na linha da jurisprudência desta Corte, o controle do Poder Judiciário, no tocante aos processos administrativos disciplinares, restringe-se ao exame do efetivo respeito aos

princípios do contraditório, da ampla defesa e do devido processo legal, sendo vedado adentrar no mérito administrativo.

IV – O controle de legalidade exercido pelo Poder Judiciário sobre os atos administrativos diz respeito ao seu amplo aspecto de obediência aos postulados formais e materiais presentes na Carta Magna, sem, contudo, adentrar no mérito administrativo. Para tanto, a parte dita prejudicada deve demonstrar, de forma concreta, a mencionada ofensa aos referidos princípios. Neste sentido: MS n. 21.985/DF, Rel. Ministro Benedito Gonçalves, Primeira Seção, julgado em 10/5/2017, DJe 19/5/2017 e MS n. 20.922/DF, Rel. Ministro Benedito Gonçalves, Primeira Seção, julgado em 8/2/2017, DJe 14/2/2017.

V – Ao tratar sobre a matéria em exame, o Tribunal de Origem assim se pronunciou (fls. 534-571): Quanto aos pressupostos do citado ato que abriu o procedimento investigatório, em relação ao qual o autor alega que não deveria conter a descrição dos fatos, também não lhe assiste razão, posto que é justamente nesta promoção inicial que deve estar presente a narrativa pormenorizada das condutas investigadas, até para que o indiciado possa, a partir daí, conhecer das acusações e exercitar o seu direito de defesa [...] Por fim, a alegação de que lhe foi negado o direito de recurso administrativo (fls. 477), frente à Deliberação n. 378/2012 (fls. 467/468), é tese que não merece acolhimento, eis que o E. Superior Tribunal de Justiça já decidiu.

VI – Na hipótese dos autos, não foi possível verificar qualquer vício na tramitação do processo administrativo disciplinar ora atacado, sendo aplicado, portanto, o entendimento desta Corte Superior, alhures colacionado.

VII – Assim, quando o conjunto probatório não é suficiente para comprovar o direito pleiteado e houver a necessidade de incursão em situações fáticas específicas, não será possível a utilização do *mandamus*, por impossibilidade de dilação probatória. Nesse sentido: MS n. 11.011/DF, Rel. Ministro Rogério Schietti Cruz, Terceira Seção, julgado em 12/3/2014, DJe 25/3/2014; AgInt no RMS n. 48.533/MS, Rel. Ministro Og Fernandes, Segunda Turma, julgado em 6/3/2018, DJe 13/03/2018 e RMS n. 9.053/PR, Rel. Ministro Garcia Vieira, Primeira Turma, julgado em 2/6/1998, DJ 8/9/1998.

VIII – Desse modo, não há que se falar em direito líquido e certo a ser amparado por esta via mandamental. IX–Agravo interno improvido. (Brasil, 2019f)

Na seara do controle judicial dos atos administrativos, há de se examinar, ainda, uma patologia que lhes acomete denominada **desvio de poder**, ou **desvio de finalidade**, expressão com que muitas vezes é tratada pela jurisprudência.

O desvio de poder, ou de finalidade, ocorre quando há um descompasso entre a finalidade da norma e o ato administrativo efetivamente praticado. Em outras palavras, o objetivo que deflui da norma (motivo do ato administrativo) não está adequadamente tratado no ato administrativo, de modo que a finalidade atingida pelo ato se desvia daquela finalidade pré-programada no dispositivo normativo que deu ensejo ao ato administrativo em questão. Portanto, no cumprimento de seus deveres, a Administração Pública "desviou" o poder que assim lhe fora conferido para outra finalidade, diversa daquela almejada pelo dispositivo normativo que estava na base de sustentação do ato emitido.

A conceituação de Celso Antônio Bandeira de Mello (2014, p. 1.007) é claríssima: "desvio de poder é o manejo de uma competência em descompasso com a finalidade em vista da qual foi instituída".

Diversas vezes o desvio de poder, ou de finalidade, está associado a atos de improbidade administrativa, como se colhe do Agravo Interno no Agravo Interno no Agravo em Recurso Especial n. 1.352.329/RJ do STJ:

> PROCESSUAL CIVIL E ADMINISTRATIVO. AGRAVO INTERNO NO RECURSO ESPECIAL. ENUNCIADO ADMINISTRATIVO 3/STJ. IMPROBIDADE ADMINISTRATIVA. ARTS 9º E 11 DA LEI 8.429/92. ENRIQUECIMENTO ILÍCITO E VIOLAÇÃO A PRINCÍPIOS DA ADMINISTRAÇÃO PÚBLICA. PRESENÇA DO ELEMENTO SUBJETIVO AFIRMADO PELO TRIBUNAL DE ORIGEM. FUNDAMENTO AUTÔNOMO NÃO ATACADO. SÚMULA 283/STF. REEXAME DO CONJUNTO FÁTICO-PROBATÓRIO DOS AUTOS. IMPOSSIBILIDADE. SÚMULA 7/STJ. REVISÃO DAS SANÇÕES APLICADAS. POSSIBILIDADE. DESPROPORCIONALIDADE. PRECEDENTES DO STJ. AGRAVO INTERNO NÃO PROVIDO.
>
> 1. Na hipótese em análise, o Ministério Público do Estado do Rio de Janeiro ajuizou ação civil pública por improbidade administrativa em face do ex-prefeito do Município de Maricá/RJ, em razão da publicação pela Secretaria Municipal de Comunicação Social de revista que, passando-se por suposta propaganda institucional, veiculou a promoção pessoal do agente político.

2. O Tribunal de origem reformou a sentença de improcedência da ação civil pública, e fixou a multa civil em 45 vezes a remuneração do prefeito, sob o argumento de que a propaganda lá veiculada não só não tinha caráter informativo, como também não possuía caráter educativo ou de orientação social. Acerca do reconhecimento da prática de ato de improbidade administrativa, ficou consignado no acórdão recorrido: a) a publicação em questão evidencia iludível desvio de finalidade da propaganda governamental (fl. 685 e-STJ); b) o prefeito, ao arrepio da lei, buscou a divulgação pessoal de seu trabalho, ao invés de meramente informar e dar publicidade ao programa da prefeitura (fl. 686 e-STJ); c) houve ofensa aos princípios da legalidade, moralidade e impessoalidade; c) não há falar em caráter informativo em publicação que contenha nomes, símbolos ou imagens; d) o prefeito cometeu em 2011 uma verdadeira reiteração de improbidades visando a sua ilegal promoção pessoal (fl. 691 e-STJ).

[...]

5. No tocante à revisão do valor da multa civil imposta na hipótese, destaca-se que esta Corte Superior possui jurisprudência sedimentada no sentido de que as sanções resultantes da condenação pela prática de ato de improbidade administrativa devem observar os princípios da razoabilidade e da proporcionalidade, em atenção à gravidade do ato, à extensão do dano causado e à reprimenda do ato ímprobo.

6. Na espécie, observa-se que, além da conduta ilegal do ora agravante que se utilizou de publicação institucional para autopromoção, fica evidenciado o alto grau de reprovabilidade de sua postura como agente público, pois, como bem

destacado no acórdão recorrido, durante o ano de 2011, no período de três meses, o prefeito cometeu três atos de improbidade muito semelhantes, todos visando sua ilegal promoção pessoal (fl. 690 e-STJ).

7. Assim sendo, não obstante a previsão normativa de multa até 100 vezes do valor da remuneração percebida pelo agente pública no caso de aplicação do art. 12, III, da Lei 8.429/92, a multa civil em 10 vezes o subsídio do Prefeito é suficiente para, ao lado das demais sanções (ressarcimento ao Erário), reprimir a conduta de promoção pessoal utilizando-se de verba pública. (Brasil, 2019e)

É preciso, portanto, que estejamos sempre atentos para verificar a adequação entre o ato administrativo e a verdadeira finalidade estampada pela norma, bem como questionar juridicamente (por via do manejo de recurso administrativo ou ação judicial), de modo a evitar esse vício tão insidioso que é o desvio de finalidade.

Capítulo 6

*Responsabilidade do Estado
por dano patrimonial*

O tema da responsabilidade do Estado é sobremodo importante nos dias atuais, nos quais vivemos sob um Estado de Direito. Nesse contexto, como já tornamos evidente em capítulos anteriores, o Estado atua por via de funções classicamente separadas em três espécies, quais sejam, legislativa, judicial e administrativa. Tais funções, como também enfatizamos, servem ao cumprimento do interesse público e ligam-se ao programa constitucionalmente instituído, cujo núcleo central aloca-se no princípio da dignidade da pessoa humana. Daí por que, em seu atuar, o Estado não pode ser irresponsável e causar danos aos cidadãos, pois estaria ferindo o interesse público, que é sua própria razão de ser. Então, deve ser o Estado responsabilizado por seus atos danosos – e essa responsabilidade abrange todas as funções do Estado, não se limita à administrativa, embora nela encontre sua mais frequente fonte, pois é exatamente no exercício dessa função que o Estado gera mais comportamentos passíveis de responsabilização.

Por isso, com Maria Sylvia Zanella Di Pietro (2018, p. 873), dizemos que "a responsabilidade extracontratual do Estado corresponde à obrigação de reparar danos causados a terceiros em decorrência de comportamentos comissivos ou omissivos, materiais ou jurídicos, lícitos ou ilícitos, imputáveis aos agentes públicos".

— 6.1 —
Evolução das Teorias da Responsabilidade Extracontratual do Estado

Podemos identificar diversas fases históricas experimentadas pela responsabilidade extracontratual do Estado, na qual vigoraram teorias segundo as quais o Estado era responsável por seus atos e, gradualmente, foi-se tornando mais e mais responsável, até chegar ao momento presente, dominado pela teoria do risco integral.

O esquema evolutivo das diversas teorias é o seguinte:

a. **Teoria da irresponsabilidade** – Essa teoria vigorava na época do domínio dos Estado absolutistas e tinha seu fundamento na ideia de soberania do Estado. Responsabilizar o Estado perante o indivíduo importaria desrespeitar a soberania, por deixar o Estado no mesmo nível do súdito. O Estado, portanto, não era responsável perante os indivíduos por qualquer ato que praticasse.

b. **Teorias civilistas** – São teorias fundadas especificamente sobre a ideia de culpa, sendo identificadas duas fases de seu desenvolvimento.

   1. **Teoria dos atos de impérios e de gestão** – Como combate à teoria da irresponsabilidade que vigorava nos Estados absolutistas, desenvolveu-se, em uma primeira fase, uma teoria que separava os atos praticados pelo Estado

em duas espécies: atos de império e atos de gestão. Os primeiros, atos de império, eram aqueles praticados no exercício da soberania e, portanto, com todas as prerrogativas e todos os privilégios da autoridade estatal, que os impunha de modo unilateral e coercitivo. Já quando da prática dos atos de gestão, a Administração figuraria em condição de igualdade com os particulares, no intuito de gerir seus serviços e conservar e desenvolver o patrimônio público. No caso dos atos de império, continuaria o Estado a desfrutar da irresponsabilidade, mas na hipótese da prática de atos de gestão, a responsabilidade seria regida pelas normas de Direito Civil.

2. **Teoria da culpa civil ou da responsabilidade subjetiva** – A teoria dos atos de império e de gestão passou a sofrer numerosas críticas, pois propunha uma separação impossível da personalidade do Estado quando atuasse como ente soberano ou quando atuasse na qualidade assemelhada à de indivíduo. Outra dificuldade enfrentada era distinguir, na prática, quais poderiam ser os atos de gestão. Para superar tais dificuldades, começou-se a compreender a responsabilidade do Estado como submetida integralmente à disciplina civilista, o que significa que a responsabilidade passou a ser subjetiva, isto é, precisava--se comprovar a culpa dos agentes do Estado pela prática de atos que infringissem o Direito.

c. **Teorias publicistas** – A superação das teorias civilistas tem início com o famoso caso Blanco, em 1873, julgado pelo Conselho de Estado francês e que definiu a responsabilização do Estado pela falta no serviço público.

1. **Teoria da culpa administrativa ou culpa do serviço público** – A primeira teoria publicista desenvolvida, portanto, surge a partir da análise feita pelo Conselho de Estado francês do caso Blanco, já comentado no Capítulo 1. Para essa teoria, o Estado será responsabilizado quando houver comprovação de que o serviço público funcionou mal ou não funcionou, hipótese em que se configura a falta no serviço público. Trata-se, ainda, de responsabilidade subjetiva, porém não mais ligada ao agente da Administração Pública, mas ao próprio Estado, na gestão do serviço público.

2. **Teoria do risco integral ou administrativo ou teoria da responsabilidade objetiva** – Na última fase, adota-se a teoria do risco integral ou administrativo, segundo a qual a responsabilidade do Estado é objetiva. Nesses casos, não há necessidade de comprovar a culpa do Estado pela falta no serviço, visto que a responsabilidade é imputada ao Estado pela sua tão só atuação. Por isso, é também denominada *teoria do risco*, pois, ao atuar, o Estado assume o risco de que possa causar dano a particular. O indivíduo deve apenas comprovar a existência do nexo

de causalidade entre a atuação administrativa e o dano causado.

— 6.2 —
Responsabilidade do Estado no Brasil: responsabilidade objetiva

No Brasil, firma-se a responsabilidade objetiva do Estado, a partir do disposto no parágrafo 6º, do art. 37 da Constituição: "§ 6º As pessoas jurídicas de direito público e as de direito privado prestadoras de serviços públicos responderão pelos danos que seus agentes, nessa qualidade, causarem a terceiros, assegurado o direito de regresso contra o responsável nos casos de dolo ou culpa" (Brasil, 1988).

Fica bastante claro, no texto constitucional, como vimos, a responsabilidade objetiva. No entanto, mais do que isso, o referido dispositivo legal vai além dessa mera afirmação, disciplinando também os prestadores de serviço público e desenhando os contornos da responsabilidade dos agentes estatais. É o que se verifica na jurisprudência do Supremo Tribunal Federal (STF), conforme excerto do Recurso Extraordinário n. 109.615/RJ:

> A teoria do risco administrativo, consagrada em sucessivos documentos constitucionais brasileiros desde a Carta Política de 1946, confere fundamento doutrinário à responsabilidade civil objetiva do poder público pelos danos a que os agentes

públicos houverem dado causa, por ação ou por omissão. Essa concepção teórica, que informa o princípio constitucional da responsabilidade civil objetiva do poder público, faz emergir, da mera ocorrência de ato lesivo causado à vítima pelo Estado, o dever de indenizá-la pelo dano pessoal e/ou patrimonial sofrido, independentemente de caracterização de culpa dos agentes estatais ou de demonstração de falta do serviço público.

[...]

O poder público, ao receber o estudante em qualquer dos estabelecimentos da rede oficial de ensino, assume o grave compromisso de velar pela preservação de sua integridade física, devendo empregar todos os meios necessários ao integral desempenho desse encargo jurídico, sob pena de incidir em responsabilidade civil pelos eventos lesivos ocasionados ao aluno.

A obrigação governamental de preservar a intangibilidade física dos alunos, enquanto estes se encontrarem no recinto do estabelecimento escolar, constitui encargo indissociável do dever que incumbe ao Estado de dispensar proteção efetiva a todos os estudantes que se acharem sob a guarda imediata do poder público nos estabelecimentos oficiais de ensino. Descumprida essa obrigação, e vulnerada a integridade corporal do aluno, emerge a responsabilidade civil do poder público pelos danos causados a quem, no momento do fato lesivo, se achava sob a guarda, vigilância e proteção das autoridades e dos funcionários escolares, ressalvadas as situações que descaracterizam o nexo de causalidade material entre o evento danoso e a atividade estatal imputável aos agentes públicos. (Brasil, 1996)

Assim, em primeiro lugar, verificamos que toda a Administração Pública, quer direta, quer indireta, está abrangida na previsão da responsabilidade civil objetiva. Por isso também aqueles particulares que assumam a posição de prestadores de serviço público, em qualquer de suas modalidades (concessão, autorização ou permissão), respondem objetivamente pelos danos que eventualmente venham a causar a terceiros no exercício da função pública.

Observe outros três exemplos colhidos da jurisprudência do STF sobre o tema, respectivamente, Recurso Extraordinário n. 591.874/MS; Repercussão Geral no Recurso Extraordinário n. 828.075/BA; e Ação Direta de Inconstitucionalidade n. 4.976/DF:

> A responsabilidade civil das pessoas jurídicas de direito privado prestadoras de serviço público é objetiva relativamente a terceiros usuários, e não usuários do serviço, segundo decorre do art. 37, § 6º, da CF. A inequívoca presença do nexo de causalidade entre o ato administrativo e o dano causado ao terceiro não usuário do serviço público é condição suficiente para estabelecer a responsabilidade objetiva da pessoa jurídica de direito privado. (Brasil, 2009d)
>
> DIREITO DO TRABALHO. RECURSO EXTRAORDINÁRIO. NATUREZA DA RESPONSABILIDADE CIVIL DE EMPRESA PRESTADORA DE SERVIÇOS PÚBLICOS POR ACIDENTE DE

TRABALHO. TEORIA DO RISCO. AUSÊNCIA DE REPERCUSSÃO GERAL.

1. O acórdão recorrido entendeu que é objetiva a responsabilidade de empresa prestadora de serviços públicos por dano moral ou material causado ao empregado no exercício da função de operador de subestação em companhia distribuidora de energia elétrica, em razão do risco inerente à atividade profissional.

2. A revisão dessa conclusão pressupõe a análise de legislação infraconstitucional atinente à responsabilidade civil objetiva nas hipóteses de exercício de atividade empresarial de risco, nos termos do art. 927, parágrafo único, do Código Civil, o que revela o caráter infraconstitucional da discussão.

3. Afirmação da seguinte tese: "Não tem repercussão geral a controvérsia relativa à natureza da responsabilidade civil de empresa prestadora de serviços públicos por dano moral ou material causado ao empregado em virtude do exercício de atividade profissional de risco".

4. Recurso não conhecido. (Brasil, 2017i)

A disposição contida no art. 37, § 6º, da CF não esgota a matéria relacionada à responsabilidade civil imputável à administração; pois, em situações especiais de grave risco para a população ou de relevante interesse público, pode o Estado ampliar a respectiva responsabilidade, por danos decorrentes de sua ação ou omissão, para além das balizas do supramencionado dispositivo constitucional, inclusive por lei ordinária, dividindo os ônus decorrentes dessa extensão com toda a sociedade. Validade do oferecimento pela União, mediante autorização legal, de garantia adicional, de natureza tipicamente securitária, em favor de vítimas de danos incertos decorrentes dos eventos patrocinados pela Fifa, excluídos os prejuízos para os quais a própria entidade organizadora ou mesmo as vítimas tiverem concorrido. Compromisso livre e soberanamente contraído pelo Brasil à época de sua candidatura para sediar a Copa do Mundo Fifa 2014. (Brasil, 2014e)

Também são objeto da disciplina do dispositivo os agentes públicos que estejam no exercício da função e sejam responsáveis pelo dano causado a que responde a Administração Pública. Desse modo, como a Administração Pública terá de arcar com o dano em razão da responsabilidade objetiva que lhe é imputada, o agente, caso comprovado dolo ou culpa, responderá regressivamente perante a Administração – isto é, sua responsabilidade será subjetiva, e o Estado deverá comprovar o dolo ou culpa subjacentes à conduta causadora do dano ao terceiro.

— 6.3 —
Conduta lesiva ensejadora de responsabilidade objetiva

Como requisitos fundamentais para a caracterização da responsabilidade civil do Estado, é imprescindível a **ocorrência de dano**, sem o qual nenhuma responsabilização é possível. Mas deve também de haver uma **ação** (ou **omissão**) administrativa produtora desse dano e, obviamente, deve-se caracterizar a ligação entre esse dano e a conduta administrativa, ou seja, o **nexo causal**. De outro lado, pouco importa se o ato foi lícito ou não, a responsabilidade é a mesma. Por fim, não deve de haver nenhuma causa que possa excluir a responsabilidade assim caracterizada.

É como entende a jurisprudência sólida do STF. Vejamos o teor da ementa do Recurso Extraordinário n. 113.587/SP:

> CONSTITUCIONAL. CIVIL. RESPONSABILIDADE CIVIL DO ESTADO. C.F., 1967, art. 107. C.F./88, art. 37, par-6. I. A responsabilidade civil do Estado, responsabilidade objetiva, com base no risco administrativo, que admite pesquisa em torno da culpa do particular, para o fim de abrandar ou mesmo excluir a responsabilidade estatal, ocorre, em síntese, diante dos seguintes requisitos: a) do dano; b) da ação administrativa; c) e desde que haja nexo causal entre o dano e a ação administrativa. A consideração no sentido da licitude da ação administrativa é irrelevante, pois o que interessa é isto: sofrendo o particular um prejuízo, em razão da atuação estatal, regular ou irregular, no interesse da coletividade, é devida a indenização, que se assenta no princípio da igualdade dos ônus e encargos sociais. II. Ação de indenização movida por particular contra o Município, em virtude dos prejuízos decorrentes da construção de viaduto. Procedência da ação. III. R.E. conhecido e provido. (Brasil, 1992c)

Acórdão em destaque

STF – Agravo Regimental no Recurso Extraordinário n. 481.110/PE

Os elementos que compõem a estrutura e delineiam o perfil da responsabilidade civil objetiva do poder público compreendem (a) a alteridade do dano, (b) a causalidade material entre o *eventus damni* e o comportamento positivo (ação) ou negativo (omissão) do agente público, (c) a oficialidade da atividade causal e lesiva imputável a agente do poder público que tenha, nessa específica condição, incidido em conduta comissiva ou omissiva, independentemente da licitude, ou não, do comportamento funcional e (d) a ausência de causa excludente da responsabilidade estatal. Precedentes. O dever de indenizar, mesmo nas hipóteses de responsabilidade civil objetiva do poder público, supõe, dentre outros elementos (RTJ 163/1107-1109, v.g.), a comprovada existência do nexo de causalidade material entre o comportamento do agente e o *eventus damni*, sem o que se torna inviável, no plano jurídico, o reconhecimento da obrigação de recompor o prejuízo sofrido pelo ofendido. (Brasil, 2007c)

Mesmo nas hipóteses em que o particular esteja atuando em nome do Estado (é o caso dos concessionários de serviço público, por exemplo), pode haver a responsabilidade do Estado se esse prestador experimentar prejuízos em virtude de atos e decisões do Estado ao qual serve. A hipótese já foi examinada pelo STF no Recurso Extraordinário n. 571.969/DF:

> Responsabilidade da União em indenizar prejuízos sofridos pela concessionária de serviço público, decorrentes de política econômica implementada pelo Governo, comprovados nos termos do acórdão recorrido. [...] A estabilidade econômico-financeira do contrato administrativo é expressão jurídica do princípio da segurança jurídica, pelo qual se busca conferir estabilidade àquele ajuste, inerente ao contrato de concessão, no qual se garante à concessionária viabilidade para a execução dos serviços, nos moldes licitados. A manutenção da qualidade na prestação dos serviços concedidos (exploração de transporte aéreo) impõe a adoção de medidas garantidoras do reequilíbrio da equação econômico-financeira do contrato administrativo, seja pela repactuação, reajuste, revisão ou indenização dos prejuízos. Instituição de nova moeda (Cruzado) e implementação, pelo poder público, dos planos de combate à inflação denominados "Plano Funaro" ou "Plano Cruzado", que congelaram os preços e as tarifas aéreas nos valores prevalecentes em 27-2-1986 (art. 5º do Decreto 91.149, de 15-3-1985). Comprovação nos autos de que os reajustes efetivados, no período do controle de preços, foram insuficientes para cobrir a variação dos custos suportados pela concessionária. Indenização que se impõe: teoria da responsabilidade objetiva do Estado com base no risco administrativo. Dano e nexo de causalidade comprovados, nos termos do acórdão recorrido. O Estado responde juridicamente também pela

prática de atos lícitos, quando deles decorrerem prejuízos para os particulares em condições de desigualdade com os demais. Impossibilidade de a concessionária cumprir as exigências contratuais com o público, sem prejuízos extensivos aos seus funcionários, aposentados e pensionistas, cujos direitos não puderam ser honrados. Apesar de toda a sociedade ter sido submetida aos planos econômicos, impuseram-se à concessionária prejuízos especiais, pela sua condição de concessionária de serviço, vinculada às inovações contratuais ditadas pelo poder concedente, sem poder atuar para evitar o colapso econômico-financeiro. Não é juridicamente aceitável sujeitar-se determinado grupo de pessoas – funcionários, aposentados, pensionistas e a própria concessionária – às específicas condições com ônus insuportáveis e desigualados dos demais, decorrentes das políticas adotadas, sem contrapartida indenizatória objetiva, para minimizar os prejuízos sofridos, segundo determina a Constituição. (Brasil, 2014g)

Há hipóteses em que não é necessária uma ação do Estado para gerar sua responsabilização. Ao contrário, existe o dever do Estado de agir, mas ele se mantém inerte, provocando assim o dano. Trata-se das situações de **omissão**. Confira o teor dos Embargos de Declaração no Recurso Extraordinário com Agravo n. 655.277/MG do STF:

> A omissão do poder público, quando lesiva aos direitos de qualquer pessoa, induz à responsabilidade civil objetiva do Estado, desde que presentes os pressupostos primários que

lhe determinam a obrigação de indenizar os prejuízos que os seus agentes, nessa condição, hajam causado a terceiros. (Brasil,2012a)

> **Acórdão em destaque**
>
> **STF – Recurso Extraordinário n. 580.252/MS**
>
> Considerando que é dever do Estado, imposto pelo sistema normativo, manter em seus presídios os padrões mínimos de humanidade previstos no ordenamento jurídico, é de sua responsabilidade, nos termos do art. 37, § 6º, da Constituição, a obrigação de ressarcir os danos, inclusive morais, comprovadamente causados aos detentos em decorrência da falta ou insuficiência das condições legais de encarceramento. (Brasil, 2017f)

Como se infere dos precedentes citados, as hipóteses de omissão também são acolhidas pelo STF.

— 6.4 —
Excludentes de responsabilidade do Estado

A responsabilidade do Estado é objetiva, caracterizada se houver dano, ação ou omissão da Administração Público, e nexo de causalidade entre o dano e a ação ou omissão. Mas há casos em que, entretanto, a responsabilidade estatal fica excluída. São as hipóteses de força maior, culpa da vítima e culpa de terceiros.

Além destas, como corretamente identificado pela jurisprudência do STF, caso falte algum dos elementos caracterizadores da responsabilidade (dano, evento administrativo danoso, nexo de causalidade), ela não será configurada.

Acórdão em destaque

STF – Recurso Extraordinário n. 113.587/SP

> A responsabilidade civil do Estado, responsabilidade objetiva, com base no risco administrativo, que admite pesquisa em torno da culpa do particular, para o fim de abrandar ou mesmo excluir a responsabilidade estatal, ocorre, em síntese, diante dos seguintes requisitos: a) do dano; b) da ação administrativa; c) e desde que haja nexo causal entre o dano e a ação administrativa. A consideração no sentido da licitude da ação administrativa é irrelevante, pois o que interessa é isto: sofrendo o particular um prejuízo, em razão da atuação estatal, regular ou irregular, no interesse da coletividade, é devida a indenização, que se assenta no princípio da igualdade dos ônus e encargos sociais. (Brasil, 1992b)

A jurisprudência do STF é muito clara nesse sentido. Confira, respectivamente, as ementas do Recurso Extraordinário n. 209.137/RJ e do Recurso Extraordinário n. 341.776/CE:

> A responsabilidade objetiva, inclusive a das pessoas jurídicas de direito público e de direito privado a que alude o art. 37, § 6º, da atual Constituição, é excluída ou atenuada quando a causa do dano decorre exclusivamente da ação da vítima, ou quando há concorrência de causas, em função, no primeiro caso, da ausência do nexo de causalidade na ocorrência do dano para determinar a responsabilidade daquelas pessoas jurídicas, ou, no segundo caso, da causalidade concorrente para a verificação do dano. (Brasil, 1999d)
>
> Responsabilidade civil do Estado. Morte. Vítima que exercia atividade policial irregular, desvinculada do serviço público. Nexo de causalidade não configurado. (Brasil, 2007d)

Vejamos, também, o Recurso Especial n. 742.175/GO do STJ, no qual se discute, inclusive, que o *quantum* de indenização é imputável ao Estado pela omissão:

> PROCESSUAL CIVIL. ADMINISTRATIVO. RECURSO ESPECIAL. DIVERGÊNCIA JURISPRUDENCIAL NÃO COMPROVADA. INEXISTÊNCIA DE SIMILITUDE ENTRE AS TESES CONFRONTADAS. RESPONSABILIDADE DO ESTADO. INTOXICAÇÃO POR AGROTÓXICOS/INSETICIDAS. MORTE DE SERVIDORA FEDERAL. AÇÃO DE REPARAÇÃO AJUIZADA PELAS FILHAS DA FALECIDA. DANO MATERIAL. DESPESAS

COM FUNERAL QUE EXCEDEM O VALOR RECEBIDO A TÍTULO DE AUXÍLIO-FUNERAL. PENSÃO CIVIL. CUMULAÇÃO COM A PENSÃO ESTATUTÁRIA. DANO MORAL. ARBITRAMENTO. REDUÇÃO.

1. A interposição do recurso especial pela alínea "c" exige a comprovação do dissídio jurisprudencial, cabendo ao recorrente colacionar precedentes jurisprudenciais favoráveis à tese defendida, comparando analiticamente os acórdãos confrontados, nos termos previstos no artigo 541, parágrafo único, do CPC.

2. Consectariamente, visando a demonstração do dissídio jurisprudencial, impõe-se avaliar se as soluções encontradas pelo decisum embargado e paradigmas tiveram por base as mesmas premissas fáticas e jurídicas, existindo entre elas similitude de circunstâncias.

3. É assente que o quantum indenizatório devido a título de danos morais deve assegurar a justa reparação do prejuízo sem proporcionar enriquecimento sem causa do autor, além de levar em conta a capacidade econômica do réu.

4. A jurisprudência desta Corte Superior tem-se posicionado no sentido de que esse quantum deve ser arbitrado pelo juiz de maneira que a composição do dano seja proporcional à ofensa, calcada nos critérios da exemplariedade e da solidariedade.

5. *In casu*, o Tribunal a quo, considerando a responsabilidade objetiva da União pelo óbito de servidora federal, técnica de laboratório, intoxicada por agrotóxicos/inseticidas, sem que tenha havido caso fortuito ou força maior, ou culpa exclusiva da vítima, deu parcial provimento ao recurso interposto pela

União para reduzir o valor arbitrado a título de dano moral, fixando-o em R$ 80.000,00 (oitenta mil reais) para cada Autor.

6. Em sede de dano imaterial, impõe-se destacar que a indenização não visa reparar a dor, a tristeza ou a humilhação sofridas pela vítima, haja vista serem valores inapreciáveis, o que não impede que se fixe um valor compensatório, com o intuito de suavizar o respectivo dano.

7. A modificação do quantum arbitrado a título de danos morais somente é admitida, em sede de recurso especial, na hipótese de fixação em valor irrisório ou abusivo, o que, *in casu*, não restou configurado.

8. Precedentes jurisprudenciais desta Corte: RESP 681482/MG Rel. Min. JOSÉ DELGADO, Relator(a) p/Acórdão Min. LUIZ FUX, DJ de 30.05.2005; AG 605927/BA, Relatora Ministra Denise Arruda, DJ de 04.04.2005; AgRg AG 641166/RS, Relatora Ministra Nancy Andrighi, DJ de 07.03.2005; AgRg no AG 624351/RJ, Relator Ministro Jorge Scartezzini, DJ de 28.02.2005; RESP 604801/RS, Relatora Ministra Eliana Calmon, DJ de 07.03.2005; RESP 530618/MG, Relator Ministro Aldir Passarinho Júnior, DJ de 07.03.2005; AgRg no AG 641222/MG, Relator Ministro Fernando Gonçalves, DJ de 07.03.2005 e RESP 603984/MT, Relator Ministro Francisco Falcão, DJ de 16.11.2004.

9. Recurso especial não conhecido. (Brasil, 2006a)

A seguir, analisaremos cada uma das causas de excludentes de responsabilidade do Estado.

— 6.4.1 —
Força maior

Para Maria Sylvia Zanella Di Pietro (2018, p. 883), "força maior é acontecimento imprevisível, inevitável e estranho à vontade das partes, como uma tempestade, um terremoto, um raio". Em razão disso, conforme ensina a autora, e "Não sendo imputável à Administração, não pode incidir a responsabilidade do Estado; não há nexo de causalidade entre o dano e o comportamento da Administração" (Di Pietro, 2018, p. 883).

Diversamente, o caso fortuito, caracterizado por ato humano ou falha da Administração, não é hipótese de excludente de responsabilidade do Estado. Aliás, grande fonte de responsabilização é exatamente o caso fortuito, no âmbito do qual os agentes praticam condutas danosas a terceiro, ainda que não intencionais; ou a Administração permanece inerte diante de situações para as quais tinha a responsabilidade de agir, como é o caso da manutenção de equipamentos públicos, que, se inexistente, pode causar falhas e danos a terceiros. Vejamos um exemplo da jurisprudência do STF externado no Agravo Regimental no Recurso Extraordinário n. 495.740/DF:

> RESPONSABILIDADE CIVIL OBJETIVA DO PODER PÚBLICO – ELEMENTOS ESTRUTURAIS – PRESSUPOSTOS LEGITIMADORES DA INCIDÊNCIA DO ART. 37, § 6º, DA CONSTITUIÇÃO DA REPÚBLICA – TEORIA DO RISCO ADMINISTRATIVO – INFECÇÃO POR CITOMEGALOVÍRUS – FATO DANOSO PARA O OFENDIDO (MENOR IMPÚBERE)

RESULTANTE DA EXPOSIÇÃO DE SUA MÃE, QUANDO GESTANTE, A AGENTES INFECCIOSOS, POR EFEITO DO DESEMPENHO, POR ELA, DE ATIVIDADES DESENVOLVIDAS EM HOSPITAL PÚBLICO, A SERVIÇO DA ADMINISTRAÇÃO ESTATAL – PRESTAÇÃO DEFICIENTE, PELO DISTRITO FEDERAL, DE ACOMPANHAMENTO PRÉ-NATAL – PARTO TARDIO – SÍNDROME DE WEST – DANOS MORAIS E MATERIAIS – RESSARCIBILIDADE – DOUTRINA-- JURISPRUDÊNCIA – RECURSO DE AGRAVO IMPROVIDO. – Os elementos que compõem a estrutura e delineiam o perfil da responsabilidade civil objetiva do Poder Público compreendem (a) a alteridade do dano, (b) a causalidade material entre o "eventus damni" e o comportamento positivo (ação) ou negativo (omissão) do agente público, (c) a oficialidade da atividade causal e lesiva imputável a agente do Poder Público que tenha, nessa específica condição, incidido em conduta comissiva ou omissiva, independentemente da licitude, ou não, do comportamento funcional e (d) a ausência de causa excludente da responsabilidade estatal. Precedentes. A omissão do Poder Público, quando lesiva aos direitos de qualquer pessoa, induz à responsabilidade civil objetiva do Estado, desde que presentes os pressupostos primários que lhe determinam a obrigação de indenizar os prejuízos que os seus agentes, nessa condição, hajam causado a terceiros. Doutrina. Precedentes. – A jurisprudência dos Tribunais em geral tem reconhecido a responsabilidade civil objetiva do Poder Público nas hipóteses em que o "eventus damni" ocorra em hospitais públicos (ou mantidos pelo Estado), ou derive de tratamento médico inadequado, ministrado por funcionário público, ou, então, resulte de conduta positiva (ação) ou negativa (omissão) imputável a servidor público com atuação na área médica. – Servidora pública gestante, que, no desempenho de suas atividades laborais, foi exposta à contaminação pelo citomegalovírus, em decorrência de suas funções, que consistiam, essencialmente, no transporte de material potencialmente infectocontagioso (sangue e urina de recém-nascidos). – Filho recém-nascido acometido da "Síndrome de West", apresentando um quadro de paralisia cerebral, cegueira, tetraplegia, epilepsia e malformação encefálica, decorrente de infecção por citomegalovírus contraída por sua mãe, durante o período de gestação, no exercício de suas atribuições no berçário de hospital público. – Configuração de todos os pressupostos primários determinadores do reconhecimento da responsabilidade civil objetiva do Poder Público, o que faz emergir o dever de indenização pelo dano pessoal e/ou patrimonial sofrido. (Brasil, 2009a)

Compreender e saber reconhecer a distinção entre o caso fortuito e a força maior, diferença nem sempre óbvia nos casos concretos, é fundamental para evitar armadilhas no campo da responsabilidade do Estado, oriundas de acontecimentos ambíguos. Em outras palavras, dominar tal conhecimento pode significar a diferença entre o sucesso ou a falha em eventual pleito judicial que envolva a responsabilização do Estado.

— 6.4.2 —
Culpa de terceiros

Quando um terceiro age, em nome do Estado ou não, acarretando dano, e não houver qualquer omissão de conduta estatal envolvida, estar-se-á diante da excludente de responsabilidade denominada *culpa de terceiro*, pois não foi o Estado que agiu, mas alguém outro que, com sua ação ou omissão, foi responsável pelo dano. É o que reconhece a jurisprudência do STF. Como exemplo, confira o Tema de Repercussão Geral n. 246:

> Teses de Repercussão Geral
>
> RE 760931 – O inadimplemento dos encargos trabalhistas dos empregados do contratado não transfere automaticamente ao poder público contratante a responsabilidade pelo seu pagamento, seja em caráter solidário ou subsidiário, nos termos do art. 71, § 1º, da Lei 8.666/1993.
>
> Tema de Repercussão Geral
>
> 246 – Responsabilidade subsidiária da Administração Pública por encargos trabalhistas gerados pelo inadimplemento de empresa prestadora de serviço. (Brasil, 2017l)

A culpa de terceiros pode ser caracterizada quando, mesmo que o sujeito deflagrador do dano seja agente público, ele não estiver no exercício de suas funções. Sobre hipótese nesse sentido, o STF já teve a oportunidade de se pronunciar no Recurso Extraordinário n. 363.423/SP: "Caso em que o policial autor do disparo não se encontrava na qualidade de agente público. Nessa contextura, não há falar de responsabilidade civil do Estado" (Brasil, 2008e).

— 6.4.3 —
Culpa da vítima

Por fim, a grande causa de exclusão da responsabilidade do Estado é a ação causada pela própria vítima, sem a qual o evento danoso não teria ocorrido. É como caracteriza a jurisprudência, a exemplo do Agravo Regimental no Recurso Extraordinário n. 318.725/RJ do STF: "A discussão relativa à responsabilidade extracontratual do Estado, referente ao suicídio de paciente internado em hospital público, no caso, foi excluída pela culpa exclusiva da vítima, sem possibilidade de interferência do ente público" (Brasil, 2009b). E, ainda, confira o Agravo Regimental no Agravo de Instrumento n. 638.814/DF do STF:

> A responsabilidade civil das pessoas jurídicas de direito público e das pessoas jurídicas de direito privado prestadoras de serviço público, responsabilidade objetiva, com base no risco administrativo, admite pesquisa em torno da culpa da vítima, para o fim de abrandá-la ou mesmo excluí-la. (Brasil, 2007b)

Como constatamos no julgado citado, mesmo nas hipóteses em que haja alguma participação do Estado na conduta, a culpa da vítima atenua a responsabilidade estatal.

— 6.5 —
Responsabilidade por atos legislativos e por atos jurisdicionais

Questão controversa é a responsabilidade do Estado por **atos legislativos**. Em tese, como atuação ocorre no exercício de uma função (a legislativa) que está fundada no exercício da soberania, não haveria qualquer possibilidade de se arguir a responsabilidade estatal. A isso, acrescente-se que os atos legislativos são dotados de generalidade e abstração, voltados a toda a coletividade, e reconhecer a responsabilização seria violar o dever de isonomia, pois nem todos seriam mais iguais perante a lei.

Segundo Maria Sylvia Zanella Di Pietro (2018, p. 888-889):

> Atualmente, aceita-se a responsabilidade do Estado por atos legislativos pelo menos nas seguintes hipóteses:
>
> a) leis inconstitucionais;
>
> b) atos normativos do Poder Executivo e de entes administrativos com função normativa, com vícios de inconstitucionalidade ou ilegalidade;
>
> c) leis de efeitos concretos, constitucionais ou inconstitucionais;
>
> d) omissão no poder de legislar e regulamentar.

Além disso, no STF, há debate recente sobre a responsabilização do Estado por ato de parlamentar que esteja acobertado pela imunidade parlamentar. A questão já é tema de repercussão geral, conforme consta na Repercussão Geral no Recurso Extraordinário n. 632.115/CE:

> Direito Constitucional. Recurso Extraordinário. Responsabilidade Civil do Estado por atos protegidos por imunidade parlamentar. Presença de Repercussão Geral. 1. A decisão recorrida reconheceu a responsabilidade civil objetiva do Estado e condenou o ente público ao pagamento de indenização por danos morais decorrentes de atos protegidos por imunidade parlamentar. 2. Constitui questão constitucional relevante definir se a inviolabilidade civil e penal assegurada aos parlamentares, por suas opiniões, palavras e votos, afasta a responsabilidade civil objetiva do Estado, prevista no art. 37, § 6º, da Constituição. 3. Repercussão Geral reconhecida. (Brasil, 2017j)

Outra questão polêmica é a da responsabilização do Estado por **atos judiciais**. O STF já assentou que, nessas hipóteses, o magistrado, por ser apenas agente público, não é responsável. Confira trecho dos Embargos de Declaração no Recurso Extraordinário n. 553.637/SP: "O Supremo Tribunal já assentou que, salvo os casos expressamente previstos em lei, a responsabilidade objetiva do Estado não se aplica aos atos de juízes" (Brasil, 2009c).

No entanto, quando ficar configurado o caso de erro judiciário, o Estado passa a ser responsável, ainda que a responsabilidade do magistrado deva ser perseguida posteriormente, em ação regressiva. Vejamos o teor do Recurso Extraordinário n. 505.393/PE do STF:

O direito à indenização da vítima de erro judiciário e daquela presa além do tempo devido, previsto no art. 5º, LXXV, da Constituição, já era previsto no art. 630 do CPP, com a exceção do caso de ação penal privada e só uma hipótese de exoneração, quando para a condenação tivesse contribuído o próprio réu. A regra constitucional não veio para aditar pressupostos subjetivos à regra geral da responsabilidade fundada no risco administrativo, conforme o art. 37, § 6º, da Lei Fundamental: a partir do entendimento consolidado de que a regra geral é a irresponsabilidade civil do Estado por atos de jurisdição, estabelece que, naqueles casos, a indenização é uma garantia individual e, manifestamente, não a submete à exigência de dolo ou culpa do magistrado. O art. 5º, LXXV, da Constituição: é uma garantia, um mínimo, que nem impede a lei, nem impede eventuais construções doutrinárias que venham a reconhecer a responsabilidade do Estado em hipóteses que não a de erro judiciário *stricto sensu*, mas de evidente falta objetiva do serviço público da Justiça. (Brasil, 2007e)

Mesmo tendo sido fixada pelo STF a hipótese de responsabilização do Estado por erro judiciário, ainda é bastante raro encontrar casos nos quais essa responsabilidade tenha sido efetivamente reconhecida.

Capítulo 7

Agentes públicos: espécies e *vínculos* com a Administração Pública

No capítulo derradeiro, vamos tratar dos agentes públicos, os quais são classificados em agentes políticos, servidores públicos, militares e particulares em colaboração com o Poder Público. Nesse contexto, examinaremos as diferenças entre cargo, emprego e função, a estabilidade dos agentes públicos, as condições de ingresso e a proibição de acumulação de cargos públicos.

Além disso, abordaremos a remuneração e os subsídios, bem como o direito de greve dos servidores públicos. Por fim, traremos o importante tema da responsabilidade dos agentes por condutas lesivas ao patrimônio público e a improbidade administrativa.

— 7.1 —
Espécies de agentes públicos

Embora na linguagem comum costume-se falar em *servidores públicos* para designar aquelas pessoas no exercício das funções públicas, essa expressão é insuficiente, pois não abrange todas as categorias possíveis. Utiliza-se, por isso, a expressão *agentes públicos*, que, conforme explica Celso Antônio Bandeira de Mello (2014, p. 250), é "a mais ampla que se pode conceber para designar genérica e indistintamente os sujeitos que servem ao Poder Público como instrumentos expressivos de sua vontade ou ação, ainda quando o façam apenas ocasional ou episodicamente".

Dessa conceituação, segue-se que os agentes públicos podem ser classificados em quatro categorias: (1) agentes políticos, (2) servidores públicos, (3) militares e (4) particulares em colaboração com o Poder Público. Vejamos cada uma delas a seguir.

— 7.1.1 —
Agentes políticos

Celso Antônio Bandeira de Mello (2014, p. 253-254) conceitua *agentes políticos* como "os titulares dos cargos estruturais à organização política do País, ou seja, são os ocupantes dos cargos que compõem o arcabouço constitucional do Estado e, portanto, o esquema fundamental do poder. Sua função é a de formadores da vontade superior do Estado". O conceito, assim, volta-se especificamente para o exercício das funções políticas, de responsabilidade dos órgãos governamentais, cuja grande concentração de cargos ocorre no Poder Executivo e, em segundo lugar, no Legislativo. Desse modo, são agentes políticos, no âmbito executivo, apenas o presidente da República, os governadores, os prefeitos e os respectivos auxiliares imediatos (ministros e secretários das diversas pastas), e, no âmbito legislativo, os senadores, os deputados e os vereadores.

Acórdão em destaque

STJ – Recurso Especial n. 1.666.307/MA

PROCESSUAL CIVIL. AÇÃO RESCISÓRIA.
IMPROBIDADE ADMINISTRATIVA. APLICAÇÃO DA
LEI DE IMPROBIDADE AOS AGENTES POLÍTICOS.
COMPATIBILIDADE COM O DECRETO-LEI 201/1967.
SÚMULA 83/STJ. RECONHECIMENTO PELO
TRIBUNAL DE ORIGEM DA PRESENÇA DO DOLO E
DO DANO AO ERÁRIO. PRETENSÃO DE REEXAME DA
DOSIMETRIA DAS PENAS. NOVA ANÁLISE DE MATÉRIA
FÁTICO-PROBATÓRIA. IMPOSSIBILIDADE. INCIDÊNCIA
DA SÚMULA 7/STJ.

1. Cuida-se, na origem, de Ação Rescisória na qual se busca rescindir sentença proferida em Ação de Improbidade Administrativa proposta pelo Ministério Público estadual contra o ora recorrido, no qual foi condenado pela prática de ato ímprobo, em razão da contratação do servidor José Antônio dos Anjos sem concurso público, no período em que o recorrente foi Prefeito do Município de São Vicente Ferrer-MA.

2. O Tribunal de origem negou provimento à Ação Rescisória.

3. É pacífico no Superior Tribunal de Justiça o entendimento de que o conceito de agente público estabelecido no art. 2º da Lei 8.429/1992 abrange os agentes políticos, como prefeitos e vereadores, não havendo bis in idem nem incompatibilidade entre a responsabilização política e criminal estabelecida no Decreto-Lei 201/1967, com a responsabilização pela prática de ato de improbidade administrativa e respectivas sanções civis (art. 12, da LIA). Precedentes: AgRg no REsp 1.300.764/

SP, Rel. Ministra Regina Helena Costa, Primeira Turma, DJe 26/4/2016; Resp 1.314.377/RJ, Rel. Ministro Herman Benjamin, Segunda Turma, DJe 18/9/2013.

4. No que se refere ao foro por prerrogativa de função, a Corte Especial desse Superior Tribunal de Justiça pacificou o entendimento de que a "ação de improbidade administrativa deve ser processada e julgada nas instâncias ordinárias, ainda que proposta contra agente político que tenha foro privilegiado no âmbito penal e nos crimes de responsabilidade" (Rcl 12.514/MT, Rel. Ministro Ari Pargendler, Corte Especial, DJe 21/3/2014).

5. Estando o acórdão recorrido em sintonia com o atual posicionamento do STJ, incide, *in casu*, o princípio estabelecido na Súmula 83/STJ.

6. O entendimento do STJ é de que, para que seja reconhecida a tipificação da conduta do réu como incursa nas previsões da Lei de Improbidade Administrativa, é indispensável demonstrar o elemento subjetivo, consubstanciado pelo dolo para os tipos previstos nos artigos 9º e 11 e, ao menos, pela culpa, nas hipóteses do artigo 10.

7. É pacífico no STJ que o ato de improbidade administrativa previsto no art. 11 da Lei 8.429/1992 exige demonstração de dolo, o qual, contudo, não precisa ser específico, sendo suficiente o dolo genérico.

8. Assim, para a correta fundamentação da condenação por improbidade administrativa, é imprescindível, além da subsunção do fato à norma, caracterizar a presença

do elemento subjetivo. A razão para tanto é que a Lei de Improbidade Administrativa não visa punir o inábil, mas sim o desonesto, o corrupto, aquele desprovido de lealdade e boa-fé.

9. Verifica-se que o acórdão recorrido reconheceu a existência do dolo: "É certo que doutrina e jurisprudência temática há tempos firmam que a Lei de Improbidade Administrativa alcança o administrador desonesto e não o inábil, devendo haver provas contundentes das violações elencadas da legislação. Entretanto, ao revés do que afirma o autor da rescisória, constam nos autos elementos suficientes para atribuição de responsabilidade subjetiva do requerente. Documentos de fls. 64/68 comprovam pagamentos da municipalidade em favor de José Antonio dos Anjos, tendo este mesmo servidor afirmado, em termo de declarações prestado ao Ministério Público (fls. 63) e que instruiu a ação civil por ato de administrativa, que fora contratado na gestão municipal do ora requerente, sem a realização de concurso público, como forma de contrapartida por ter trabalhado em campanha eleitoral do ex-prefeito e prometido votos de sua família. O requerente não nega a existência da contratação irregular, bem como seus motivos ilegais, limitando-se a atribuir responsabilidade a seu secretariado. É certo que ao chefe do Executivo municipal (prefeito) cabe desempenhar fielmente as funções políticas, executivas e administrativas que lhes foram outorgadas. [...] Desta feita, não há que se falar em erro de fato ou inexistência do dolo, eis que, tanto no processo originário quanto

> na presente ação rescisória não logrou o ex-prefeito demonstrar sua irresponsabilidade diante da contratação irregular de servidor público. (fls. 376-378, e-STJ, grifo acrescentado).
>
> 10. Nesse contexto de limitação cognitiva, a alteração das conclusões firmadas pelas instâncias inferiores somente poderia ser alcançada com o revolvimento do conjunto fático-probatório, o que é vedado pela Súmula 7/STJ. A propósito: AgRg no AREsp 329.609/PR, Rel. Ministro Benedito Gonçalves, Primeira Turma, DJe 9/10/2013.
>
> 11. A jurisprudência do STJ é uníssona no sentido de que a revisão da dosimetria das sanções aplicadas em ações de improbidade administrativa implica reexame do conjunto fático-probatório dos autos, o que esbarra na Súmula 7/STJ, salvo em hipóteses excepcionais, nas quais, da leitura do acórdão recorrido, exsurge a desproporcionalidade entre o ato praticado e as sanções aplicadas, o que não é o caso vertente.
>
> 12. Recurso Especial não conhecido. (Brasil, 2017b)

Em suma, agentes políticos são todos aqueles detentores de cargo eletivo. O conceito, porém, a eles não se limita, alcançando também os auxiliares imediatos dos chefes do Executivo, isto é, ministros de Estado e secretários das diversas pastas.

— 7.1.2 —
Servidores públicos

Na conceituação de Maria Sylvia Zanella Di Pietro (2018, p. 734) são *servidores públicos*, "em sentido amplo, as pessoas físicas que prestam serviços ao Estado e às entidades da Administração Indireta, com vínculo empregatício e mediante remuneração paga pelos cofres públicos". Há três distintas categorias de servidores públicos. Vejamos.

1. **Servidores estatutários** – Ocupam cargo público e regem-se por um estatuto próprio, veiculado em lei de cada uma das unidades federadas, o que significa que não estão submetidos a contrato, mas a normas de ordem pública, cogentes e não derrogáveis pelas partes.

2. **Empregados públicos** – Ocupam emprego público e regem-se pela Consolidação das Leis do Trabalho (CLT) – Decreto-Lei n. 5.452, de 1º de maio de 1943 (Brasil, 1943) –, sendo vedado aos estados e municípios criar normas próprias diversas da legislação trabalhista, pois tal competência legislativa é exclusiva da União. Na esfera federal, para o pessoal da Administração direta, autárquica e fundacional, o regime de emprego público é disciplinado na Lei n. 9.962, de 22 de fevereiro de 2000 (Brasil, 2000), e subsidiariamente pela CLT.

3. **Servidores temporários** – Pela disciplina do art. 37, inciso IX, da Constituição Federal (CF) de 1988, são contratados "por tempo determinado para atender à necessidade temporária

de excepcional interesse público", exercendo função sob um regime jurídico especial determinado por cada unidade federada (Brasil, 1988).

— 7.1.3 —
Militares

A partir da Emenda Constitucional n. 18, de 5 de fevereiro de 1998, os militares não mais são denominados *servidores*, embora não haja propriamente distinção entre servidores civis e militares, com exceção do regime jurídico, que é próprio (Brasil, 1998a).

Sobre o regime jurídico próprio dos militares, o Supremo Tribunal Federal (STF) assim fixou Agravo Regimental no Recurso Extraordinário com Agravo n. 781.359/SP:

> De acordo com o art. 42 da CF, cabe à lei própria fixar o regime jurídico de aposentadoria dos servidores militares, de modo que, existindo norma específica (LC 51/1985 ou DL estadual 260/1970), não há que se falar em aplicação da regra prevista aos trabalhadores em geral (Lei 8.213/1991). (Brasil, 2014f)

Fazem parte da categoria dos militares os membros das Polícias Militares e dos Corpos de Bombeiros dos estados e do Distrito Federal e os membros das três Forças Armadas (Marinha, Exército e Aeronáutica).

— 7.1.4 —
Particulares em colaboração com o Poder Público

Todas as pessoas físicas que prestem serviço ao Estado, mas com ele não tenham qualquer vínculo empregatício ou estatutário nem dele recebam qualquer espécie de remuneração, são considerados particulares em colaboração com o Poder Público. Essa situação pode ocorrer:

- **Por delegação do Poder Público** – É a hipótese dos empregados das empresas concessionárias e permissionárias de serviços públicos ou dos que exercem serviços notariais e de registro.
- **Mediante requisição, nomeação ou designação para o exercício de funções públicas relevantes** – É a hipótese dos jurados ou dos convocados para prestação de serviço eleitoral.
- **Os gestores de negócio** – É o caso dos que, confrontados com emergências (epidemias, incêndios, enchentes etc.), assumem espontânea e temporariamente uma função pública.

— 7.2 —
Cargos, empregos e funções públicas

Para exercer seus deveres constitucionalmente designados, a Administração, como vimos, divide-se em órgãos, que são formados por servidores públicos ocupantes de cargos, para os quais a legislação fixa atribuições e determina o vencimento ou remuneração. Assim, **cargos**, na definição precisa de Celso Antônio Bandeira de Mello (2014, p. 261, grifo nosso), "são as mais simples e indivisíveis unidades de competência a serem expressadas por um agente, previstas em número certo, com denominação própria, retribuídas por pessoas de Direito Público e **criadas por lei**".

A expressão **emprego público** é reservada àqueles agentes contratados pela Administração Pública em regime celetista, designando, também, uma unidade de atribuições. Assim, tanto o emprego público quanto o cargo constituem a atribuição de poderes a determinado agente, selecionado pela Administração, para atuar em seus órgãos.

A distinção entre cargo e emprego público está no regime que regulará o vínculo do agente com a Administração, isto é, estatutário para os exercentes de cargo e celetista para os exercentes de emprego público.

Para atribuições a um agente que não correspondam àquelas do cargo ou do emprego público reserva-se a expressão *função*, que abrange, fundamentalmente, dois tipos de situação:

1. **Servidores temporários** – Com previsão encartada no art. 37, inciso IX, da CF de 1988, é exercida temporariamente em razão de urgência, não demandando, por isso, a realização de concurso público, visto que a demora em sua realização é incompatível com a urgência exigida. Essa urgência, porém, não pode ser originada da inércia da própria Administração, como deixa bem claro a Ação Direta de Inconstitucionalidade n. 3.068/DF do STF:

O art. 37, IX, da Constituição do Brasil autoriza contratações, sem concurso público, desde que indispensáveis ao atendimento de necessidade temporária de excepcional interesse público, quer para o desempenho das atividades de caráter eventual, temporário ou excepcional, quer para o desempenho das atividades de caráter regular e permanente. A alegada inércia da administração não pode ser punida em detrimento do interesse público, que ocorre quando colocado em risco o princípio da continuidade da atividade estatal. (Brasil, 2006c)

2. **Funções de natureza permanente** – A disciplina do art. 37, inciso V, da CF de 1988 determina que as funções de confiança serão "exercidas exclusivamente por servidores ocupantes de cargo efetivo, e os cargos em comissão, a serem preenchidos por servidores de carreira nos casos, condições e percentuais mínimos previstos em lei", destinando-se tais funções "apenas às atribuições de direção, chefia e assessoramento" (Brasil, 1988). O alerta claro do Supremo Tribunal Federal veio com a Ação Direta de Inconstitucionalidade n. 3.174/SE:

> A jurisprudência desta Corte é firme no sentido de que só podem ser criados cargos em comissão quando suas atribuições exijam um vínculo de confiança entre seus ocupantes e aqueles que os nomeiam. [...] O cargo em comissão de Auxiliar de Juiz [...] é típica função de assessoramento, com a finalidade de auxiliar o exercício da atividade jurisdicional, por meio da elaboração de minutas de decisões e pesquisa de doutrina e de jurisprudência. Exige, portanto, relação de

confiança entre o ocupante do cargo e o juiz que o nomeia, em consonância com o art. 37, V, da Constituição. (Brasil, 2019m)

A função pública, portanto, exerce importante papel no auxílio aos servidores ocupantes de cargo público ou de emprego público, na medida em que complementa o efetivo voltado à atuação estatal.

— 7.2.1 —
Estabilidade

Um dos pontos nevrálgicos do regime jurídico do servidor público é a estabilidade, que ocorre após três anos do exercício da função. A condição, prevista no art. 41 da Constituição, depende de avaliação especial de desempenho do servidor.

Uma vez consolidando-se a estabilidade no serviço público, o servidor somente perderá o cargo em virtude de (a) sentença judicial, (b) processo administrativo interno ou (c) avaliação periódica de desempenho.

Confira a disciplina constitucional sobre o tema:

> Art. 41. São estáveis após três anos de efetivo exercício os servidores nomeados para cargo de provimento efetivo em virtude de concurso público.
> § 1º O servidor público estável só perderá o cargo:
> I – em virtude de sentença judicial transitada em julgado;

II – mediante processo administrativo em que lhe seja assegurada ampla defesa;

III – mediante procedimento de avaliação periódica de desempenho, na forma de lei complementar, assegurada ampla defesa.

§ 2º Invalidada por sentença judicial a demissão do servidor estável, será ele reintegrado, e o eventual ocupante da vaga, se estável, reconduzido ao cargo de origem, sem direito a indenização, aproveitado em outro cargo ou posto em disponibilidade com remuneração proporcional ao tempo de serviço.

§ 3º Extinto o cargo ou declarada a sua desnecessidade, o servidor estável ficará em disponibilidade, com remuneração proporcional ao tempo de serviço, até seu adequado aproveitamento em outro cargo.

§ 4º Como condição para a aquisição da estabilidade, é obrigatória a avaliação especial de desempenho por comissão instituída para essa finalidade. (Brasil, 1988)

Acórdão em destaque

STJ – Agravo Interno no Recurso em Mandado de Segurança n. 51.731/RS

ADMINISTRATIVO. SERVIDOR PÚBLICO. ESTÁGIO PROBATÓRIO. OFICIALA DE JUSTIÇA. BAIXA PRODUTIVIDADE. FALHA CAUSADA PELA PRÓPRIA ADMINISTRAÇÃO. PUNIÇÃO COM ADVERTÊNCIA. POSTERIOR EXONERAÇÃO. DESPROPORCIONALIDADE.

[...]

2. A aquisição da estabilidade no serviço público reclama, além do implemento do requisito temporal de três anos, a sujeição do servidor à avaliação de desempenho no cargo, cuja análise deve levar em conta os aspectos "relacionados à assiduidade, à disciplina, à capacidade de iniciativa, à produtividade e à responsabilidade" (RMS 16.153/SP, Rel. Ministra LAURITA VAZ, Rel. p/ Acórdão Ministro ARNALDO ESTEVES LIMA, QUINTA TURMA, julgado em 03/04/2008, DJe 09/06/2008).

3. Caso em que a justificativa apresentada para a reprovação da servidora no estágio probatório e consequente exoneração foi a sua omissão em informar aos superiores a "irrisória distribuição de mandados nos meses de abril a setembro de 2013" e a mudança na postura "depois do término do período de avaliação", quando teria atrasado a devolução de mandados.

4. Incontroverso que a baixa produtividade adveio de falha causada pela própria Administração que passou a enviar pequena quantidade de mandados à oficiala, haja vista não estar seu nome cadastrado no sistema informatizado de distribuição de mandados.

5. A postura silente da impetrante-deixar de informar seus superiores do fato-foi punida com advertência, modalidade de sanção que não enseja o desligamento do serviço público.

6. A "mudança radical de comportamento" (demora em cumprir e atraso na devolução de mandados recebidos no período de falha no sistema) foi verificada depois de findo o período de avaliação, em cujo curso a servidora

> obteve conceito final "satisfatório" e "plenamente satisfatório", com elevada média global de produtividade.
>
> 7. Esta Corte entende possível o controle de legalidade dos atos administrativos pelo Poder Judiciário quando verificada violação dos princípios da razoabilidade e da proporcionalidade. Precedentes.
>
> 8. Desborda da razoabilidade exonerar servidora em estágio probatório por conduta já penalizada com sanção menos gravosa (advertência) e decorrente de falha para cuja ocorrência a própria Administração concorreu.
>
> 9. Denota medida desproporcional considerar oficial de justiça inapto para o cargo pela demora para cumprir mandados verificada ao final do período de avaliação e que contrasta com todo o período pretérito, no qual os relatórios não apontam desempenho insatisfatório ou insuficiente a amparar a exoneração.
>
> 10. A conclusão de que a impetrante "não possuía condições pessoais de suportar o estresse físico e psicológico que são inerentes ao cargo de Oficial de Justiça" encerra feição subjetiva incompatível com a análise dos requisitos para avaliação do servidor no estágio probatório, os quais devem ser detectados com lastro em critérios objetivos. Precedentes.
>
> 11. Agravo interno desprovido. (Brasil, 2019g)

De fato, a estabilidade, muitas vezes criticada pela população, é importante fator para garantir que o quadro de pessoal a serviço do Estado não seja afetado por mudanças nos ares políticos ou ideológicos, permanecendo fiel ao cumprimento do interesse público. De outro lado, isso não significa que o Estado permanecerá indefinidamente com servidores que possam vir a comprometer a eficiência estatal, na medida em que as avaliações periódicas de desempenho e o próprio processo administrativo interno voltado a punir eventuais faltas cometidas por servidores garantem a correção de tais desvios.

— 7.2.2 —
Acesso a cargos, empregos e funções públicas

O direito de acesso aos cargos, empregos e funções públicas é disponível a brasileiros e estrangeiros, sem distinção, mas na forma estabelecida em lei, conforme redação do art. 37, inciso I, da CF de 1988: "os cargos, empregos e funções públicas são acessíveis aos brasileiros que preencham os requisitos estabelecidos em lei, assim como aos estrangeiros, na forma da lei" (Brasil, 1988). O STF é claro em dar suporte a esse entendimento, consoante se verifica no Agravo Regimental no Recurso Extraordinário n. 346.180/RS:

> CARGO PÚBLICO EFETIVO. PROVIMENTO POR ESTRANGEIRO. [...]
> Até o advento das Emendas 11/1996 e 19/1998, o núcleo essencial dos direitos atribuídos aos estrangeiros, embora

certamente compreendesse as prerrogativas necessárias ao resguardo da dignidade humana, não abrangia um direito à ocupação de cargos públicos efetivos na estrutura administrativa brasileira, consoante a redação primitiva do art. 37, I, da Lei Maior.

Portanto, o art. 243, § 6º, da Lei 8.112/1990 estava em consonância com a Lei Maior e permanece em vigor até que surja o diploma exigido pelo novo art. 37, I, da Constituição. (Brasil, 2011c)

Acórdão em destaque

STF – Agravo Regimental no Recurso Extraordinário n. 544.655/MG

> O STF fixou entendimento no sentido de que o art. 37, I, da Constituição do Brasil (redação após a EC 19/1998) consubstancia, relativamente ao acesso aos cargos públicos por estrangeiros, preceito constitucional dotado de eficácia limitada, dependendo de regulamentação para produzir efeitos, sendo assim, não autoaplicável. (Brasil, 2008c)

Segundo o art. 37, inciso II, da CF de 1988, "a investidura em cargo ou emprego público depende de aprovação prévia em concurso público de provas ou de provas e títulos, de acordo com a natureza e a complexidade do cargo ou emprego, na forma prevista em lei, ressalvadas as nomeações para cargo em comissão declarado em lei de livre nomeação e exoneração" (Brasil, 1988). Exceção a essa regra são os cargos públicos em comissão, que, no entanto, devem ser "preenchidos por servidores de carreira nos casos, condições e percentuais mínimos previstos em lei", conforme previsão do art. 37, inciso V, da CF de 1988 (Brasil, 1988).

> **Súmulas em destaque**
>
> **STF – Súmulas n. 15, 16, 17, 684 e Súmula Vinculantes n. 43**
>
> Súmula n. 15 – Dentro do prazo de validade do concurso, o candidato aprovado tem direito à nomeação, quando o cargo for preenchido sem observância da classificação. (Brasil, 1964a)
>
> Súmula n. 16 – Funcionário nomeado por concurso tem direito à posse. (Brasil, 1964b)
>
> Súmula n. 17 – A nomeação de funcionário sem concurso pode ser desfeita antes da posse. (Brasil, 1964c)
>
> Súmula n. 684 – É inconstitucional o veto não motivado à participação de candidato a concurso público. (Brasil, 2003d)
>
> Súmula Vinculante n. 43 – É inconstitucional toda modalidade de provimento que propicie ao servidor investir-se, sem prévia aprovação em concurso público

> destinado ao seu provimento, em cargo que não integra a carreira na qual anteriormente investido. (Brasil, 2015f)

Os concursos públicos, portanto, constituem a porta de acesso legítima aos cargos e empregos públicos, garantindo também que esse acesso seja feito pelas pessoas mais qualificadas e aptas ao exercício de tais funções públicas.

— 7.2.3 —
Proibição de acumulação de cargos públicos

Os incisos XVI e XVII do art. 37 da CF de 1988 traçam o regramento para a acumulação de cargos para os agentes públicos:

> Art. 37. [...]
>
> [...]
>
> XVI – é vedada a acumulação remunerada de cargos públicos, exceto, quando houver compatibilidade de horários, observado em qualquer caso o disposto no inciso XI:
>
> a) a de dois cargos de professor;
>
> b) a de um cargo de professor com outro técnico ou científico;
>
> c) a de dois cargos ou empregos privativos de profissionais de saúde, com profissões regulamentadas;
>
> XVII – a proibição de acumular estende-se a empregos e funções e abrange autarquias, fundações, empresas públicas, sociedades de economia mista, suas subsidiárias, e sociedades

controladas, direta ou indiretamente, pelo poder público. (Brasil, 1988)

Em outras palavras, é vedada a acumulação de cargos públicos, a não ser nas exceções estabelecidas pelo próprio texto constitucional, ou seja, (a) de dois cargos de professor; (b) de um cargo de professor com outro técnico ou científico; e (c) de dois cargos ou empregos privativos de profissionais da saúde.

É importante lembrar que a proibição de acumulação de cargos estende-se para a aposentadoria, e qualquer dispositivo legal que determine o contrário será inconstitucional. É assim o posicionamento do Supremo Tribunal Federal – confira o teor da Ação Direta de Inconstitucionalidade n. 1.328/AL:

> O dispositivo impugnado, ao estabelecer indistintamente que os proventos da inatividade não serão considerados para efeito de acumulação de cargos, afronta o art. 37, XVI, da CF, na medida em que amplia o rol das exceções à regra da não cumulatividade de proventos e vencimentos, já expressamente previstas no Texto Constitucional. Impossibilidade de acumulação de proventos com vencimentos quando envolvidos cargos inacumuláveis na atividade. (Brasil, 2004)

A possibilidade de acumulação de cargos, no entanto, restringe-se a dois cargos, e não a três ou mais, como bem esclarece o STF na Repercussão Geral no Recurso Extraordinário com Agravo n. 848.993/MG:

Há remansosa jurisprudência desta Corte nesse sentido, afirmando a impossibilidade da acumulação tríplice de cargos públicos, ainda que os provimentos nestes tenham ocorrido antes da vigência da EC 20/1998. [...] o art. 11 da EC 20/1998 possibilita a acumulação, apenas, de um provento de aposentadoria com a remuneração de um cargo na ativa, no qual se tenha ingressado por concurso público antes da edição da referida emenda, ainda que inacumuláveis os cargos. Em qualquer hipótese, é vedada a acumulação tríplice de remunerações, sejam proventos, sejam vencimentos. (Brasil, 2017k)

Acórdão em destaque

STJ – Agravo Interno no Recurso Especial n. 1.569.247/RJ

ADMINISTRATIVO E PROCESSUAL CIVIL. AGRAVO INTERNO NO RECURSO ESPECIAL. IMPROBIDADE ADMINISTRATIVA. ACUMULAÇÃO INDEVIDA DE CARGOS PÚBLICOS. ART. 11 DA LEI 8.429/92. DOSIMETRIA. PRINCIPIO DA RAZOABILIDADE E DA PROPORCIONALIDADE. PRETENDIDA REVISÃO DAS SANÇÕES APLICADAS. MATÉRIA FÁTICA. IMPOSSIBILIDADE, EM RECURSO ESPECIAL. SÚMULA 7/STJ. TESE RECURSAL NÃO PREQUESTIONADA. SÚMULA 211 DO STJ. AGRAVO INTERNO IMPROVIDO.

I. Agravo interno aviado contra decisão que julgara Recurso Especial interposto contra acórdão publicado na vigência do CPC/73. Incidência do Enunciado

Administrativo 2/STJ: "Aos recursos interpostos com fundamento no CPC/1973 (relativos a decisões publicadas até 17 de março de 2016) devem ser exigidos os requisitos de admissibilidade na forma nele prevista, com as interpretações dadas, até então, pela jurisprudência do Superior Tribunal de Justiça".

II. Na origem, trata-se de ação civil pública, proposta pelo Ministério Público Federal, objetivando a condenação do réu pela prática de ato de improbidade administrativa previsto no art. 11 da Lei 8.429/92, alegando, para tanto, que o demandado teria acumulado, de forma indevida, cargo e emprego públicos, de 2005 a 11/07/2008, quais sejam, o cargo de agente administrativo de saúde da Secretaria de Saúde do Estado do Rio de Janeiro e o emprego de guarda portuário da Companhia Docas do Rio de Janeiro, tendo ele, em 16/07/2007, para assegurar a sua manutenção no emprego de guarda portuário, firmado termo de responsabilidade, perante a sociedade de economia mista, no qual declarou que não exerce cargo, emprego ou função na administração pública, em autarquias, em fundações mantidas pelo poder público, em empresas públicas ou em sociedades de economia mista, tendo, após firmado declaração retificadora e se exonerado do cargo público, em 11/07/2008. O Juízo de 1º Grau julgou procedente a ação, "para condenar o réu à perda da função pública, à suspensão dos direitos políticos por cinco anos, à proibição de contratar com o Poder Público ou receber benefícios ou incentivos fiscais ou creditícios, direta ou indiretamente, ainda que por intermédio de pessoa jurídica da qual seja sócio majoritário, pelo prazo de três anos, nos termos do art. 12, III, da Lei nº 8.429/1992, [...] pagamento de multa civil no valor correspondente à remuneração do cargo de Agente Administrativo da Secretaria de Saúde e Defesa Civil do Rio de Janeiro percebida indevidamente durante todo o período em que o réu acumulou ilegalmente os cargos públicos, monetariamente corrigido nos termos do Manual de Cálculos do Conselho da Justiça Federal, conforme se apurar em liquidação de sentença, tudo a ser revertido em favor do Fundo de que trata o art. 13 da Lei nº 7.347/1985". O acórdão recorrido deu parcial provimento à Apelação do réu, para, motivadamente, afastar a penalidade de perda da função pública e a condenação ao pagamento de honorários de advogado.

III. Sobre o assunto cabe destacar que "o Superior Tribunal de Justiça já deixou pacificado que a revisão da dosimetria das sanções implica reexame do conjunto fático-probatório (AgRg no Resp 1.337.768/MG, Ministro Olindo Menezes (Desembargador convocado do TRF 1ª Região), Primeira Turma, DJe 19/11/2015; EDcl no AREsp 476.086/SP, Ministro Benedito Gonçalves, PRIMEIRA TURMA, DJe 27/8/2015)" (STJ, Resp 1.786.219/SP, Rel. Ministro HERMAN BENJAMIN, SEGUNDA TURMA, DJe de 18/06/2019). Em igual sentido: "Com relação à sanção imposta, verifico que a jurisprudência de ambas as Turmas que compõem a Primeira Seção desta Corte firmou-se no sentido de que a revisão da dosimetria das sanções aplicadas em ações de improbidade administrativa implica o reexame do acervo fático-probatório, salvo se, da simples leitura do acórdão recorrido, verificar-se a desproporcionalidade entre os atos praticados e as medidas impostas (AgRg no AREsp 112.873/PR, Relatora Ministra Regina Helena Costa, Primeira Turma, DJe 17/02/2016, e AgInt no Resp 1.576.604/RN, Relator Ministro Mauro Campbell Marques, Segunda Turma, DJe 15/04/2016)" (STJ, AgInt no AREsp 1.111.038/SP, Rel. Ministro GURGEL DE FARIA, PRIMEIRA TURMA, DJe de 20/09/2018).

IV. O Tribunal de origem, de maneira fundamentada, à luz da prova dos autos, levando em conta os parâmetros do art. 11, caput e parágrafo único, da Lei 8.429/92 – a extensão do dano causado, o proveito patrimonial obtido pelo agente, a gravidade do fato, entre outras circunstâncias do caso concreto –, à luz dos pressupostos da razoabilidade e proporcionalidade, concluiu que "revela-se desproporcional a aplicação da penalidade de perda da função pública, devendo ser levado em consideração o fato de que o demandado requereu, em 11 de julho de 2008, a exoneração do cargo que ocupava junto à Secretaria de Saúde do Estado do Rio de Janeiro, de maneira que privá-lo do cargo de guarda portuário que exerce na Companhia Docas do Rio de Janeiro poderia prejudicar a sua própria subsistência, devendo ser consideradas suficientes as demais penalidades a ele impostas pelo magistrado sentenciante". Nesse contexto, não se vislumbra a alegada ofensa aos princípios da razoabilidade e da proporcionalidade, necessária ao afastamento,

> em regra, do óbice previsto na Súmula 7/STJ. Nesse sentido, em hipóteses análogas, de acumulação de cargos: STJ, AgInt nos EDcl no AREsp 1.292.140/SP, Rel. Ministro FRANCISCO FALCÃO, SEGUNDA TURMA, DJe de 14/06/2019; EDcl no AgRg no REsp 1.376.637-SP, Rel. Ministro SÉRGIO KUKINA, PRIMEIRA TURMA, DJe DE 09/03/2018.
>
> V. Ademais, quanto à tese recursal não prequestionada, no acórdão recorrido, o Recurso Especial não ultrapassa o exame da admissibilidade, ante o óbice da Súmula 211 do STJ ("Inadmissível recurso especial quanto à questão que, a despeito da oposição de embargos declaratórios, não foi apreciada pelo Tribunal a quo").
>
> VI. Agravo Interno improvido. (Brasil, 2019h)

Por último, importante também anotar que, nas situações em que a Constituição permite a acumulação de cargos, o teto remuneratório será considerado para cada um deles, e não pela soma de ambos. É assim que entende o Supremo Tribunal Federal – confira excerto do Recurso Extraordinário n. 612.975/MT: "Nas situações jurídicas em que a CF autoriza a acumulação de cargos, o teto remuneratório é considerado em relação à remuneração de cada um deles, e não ao somatório do que recebido" (Brasil, 2017g).

— 7.3 —
Regime jurídico do servidor público

O servidor público, estatutário, tem um regime próprio estabelecido constitucionalmente e regulamentado por lei. A Constituição, em seu texto original, exigia que fosse observado um regime jurídico único para os servidores da Administração direta, autarquias e fundações públicas. A Emenda Constitucional n. 19, de 4 de junho de 1998, entretanto, trouxe modificações ao texto, buscando suprimir o regime jurídico único (Brasil, 1998b). Entretanto, na Medida Cautelar em Ação Direta de Inconstitucionalidade n. 2.135/DF, o STF suspendeu a vigência da nova redação, voltando a vigorar a redação original do dispositivo:

> A matéria votada em destaque na Câmara dos Deputados no DVS 9 não foi aprovada em primeiro turno, pois obteve apenas 298 votos e não os 308 necessários. Manteve-se, assim, o então vigente caput do art. 39, que tratava do regime jurídico único, incompatível com a figura do emprego público. O deslocamento do texto do § 2º do art. 39, nos termos do substitutivo aprovado, para o *caput* desse mesmo dispositivo representou, assim, uma tentativa de superar a não aprovação do DVS [Destaque para Votação em Separado] 9 e evitar a permanência do regime jurídico único previsto na redação original suprimida, circunstância que permitiu a implementação do contrato de emprego público ainda que à revelia da

regra constitucional que exige o quórum de três quintos para aprovação de qualquer mudança constitucional. Pedido de medida cautelar deferido, dessa forma, quanto ao caput do art. 39 da CF, ressalvando-se, em decorrência dos efeitos ex nunc da decisão, a subsistência, até o julgamento definitivo da ação, da validade dos atos anteriormente praticados com base em legislações eventualmente editadas durante a vigência do dispositivo ora suspenso. [...] Vícios formais e materiais dos demais dispositivos constitucionais impugnados, todos oriundos da EC 19/1998, aparentemente inexistentes ante a constatação de que as mudanças de redação promovidas no curso do processo legislativo não alteraram substancialmente o sentido das proposições ao final aprovadas e de que não há direito adquirido à manutenção de regime jurídico anterior. (Brasil, 2008d)

Portanto, o que vige hoje em matéria de regime estatutário é o regime jurídico único, conforme plasmado no texto original da Constituição.

— 7.4 —
Remuneração, vencimentos e subsídios

A Lei n. 8.112, de 11 de dezembro de 1990 (que dispõe sobre o regime jurídico dos servidores públicos civis da União, das autarquias e das fundações públicas federais), conceitua, em seu art. 40, **vencimento** como "retribuição pecuniária pelo exercício de cargo público, com valor fixado em lei" (Brasil, 1991). Já seu art. 41 traz o conceito de **remuneração**, que "é o vencimento do cargo efetivo, acrescido das vantagens pecuniárias permanentes estabelecidas em lei" (Brasil, 1991).

Súmulas em destaque

STF – Súmulas n. 679 e 382 e Súmulas Vinculantes n. 37 e 51

Súmula n. 679 – A fixação de vencimentos dos servidores públicos não pode ser objeto de convenção coletiva. (Brasil, 2003b)

Súmula n. 682 – Não ofende a Constituição a correção monetária no pagamento com atraso dos vencimentos de servidores públicos. (Brasil, 2003c)

Súmula Vinculante n. 37 – Não cabe ao poder Judiciário, que não tem função legislativa, aumentar vencimentos de servidores públicos sob o fundamento de isonomia. (Brasil, 2014i)

Súmula Vinculante n. 51 – O reajuste de 28,86%, concedido aos servidores militares pelas Leis 8.622/1993 e 8.627/1993, estende-se aos servidores civis do Poder Executivo, observadas as eventuais compensações decorrentes dos reajustes diferenciados concedidos pelos mesmos diplomas legais. (Brasil, 2015h)

Já o conceito de **subsídio** é extraído do parágrafo 4º do art. 39 da CF de 1988:

> Art. 39. [...]
>
> [...]
>
> § 4º O membro de Poder, o detentor de mandato eletivo, os Ministros de Estado e os Secretários Estaduais e Municipais serão remunerados exclusivamente por subsídio fixado em parcela única, vedado o acréscimo de qualquer gratificação, adicional, abono, prêmio, verba de representação ou outra espécie remuneratória, obedecido, em qualquer caso, o disposto no art. 37, X e XI. (Brasil, 1988)

O inciso XI do art. 37 da Constituição apresenta a ideia de **teto remuneratório** para os agentes públicos, traçando suas regras básicas, conforme defende o STF na Ação Direta de Inconstitucionalidade n. 4.900/DF:

> 1. No que respeita ao subteto dos servidores estaduais, a Constituição estabeleceu a possibilidade de o Estado optar entre: (i) a definição de um subteto por poder, hipótese em que o teto dos servidores da Justiça corresponderá ao subsídio dos desembargadores do Tribunal de Justiça (art. 37, XI, CF, na redação da EC 41/2003); e (ii) a definição de um subteto único, correspondente ao subsídio mensal dos desembargadores do Tribunal de Justiça, para todo e qualquer servidor de qualquer poder, ficando de fora desse subteto apenas o subsídio dos deputados (art. 37, § 12, CF, conforme redação da EC 47/2005).

2. Inconstitucionalidade da desvinculação entre o subteto dos servidores da Justiça e o subsídio mensal dos desembargadores do Tribunal de Justiça. Violação ao art. 37, XI e § 12, CF.

3. Incompatibilidade entre a opção pela definição de um subteto único, nos termos do art. 37, § 12, CF, e definição de "subteto do subteto", em valor diferenciado e menor, para os servidores do Judiciário. Tratamento injustificadamente mais gravoso para esses servidores. Violação à isonomia. (Brasil, 2015d)

Na prática, servidores que porventura tenham a possibilidade de receber remuneração superior ao teto delimitado pela Constituição terão seus proventos cortados até o limite do teto, que não poderá ser ultrapassado.

— 7.5 —
Direito de greve e de livre associação sindical

A Constituição, no art. 37, incisos VI e VII, disciplina os direitos de associação sindical e de greve para os servidores públicos: "VI – é garantido ao servidor público civil o direito à livre associação sindical; VII – o direito de greve será exercido nos termos e nos limites definidos em lei específica" (Brasil, 1988).

Quanto ao **direito de greve**, ainda não existe nenhuma regulamentação dos dispositivos constitucionais. Porém, o STF, desde 2007, tem entendido pela aplicação da Lei n. 7.783, de 28 de junho de 1989, regulamentadora do instituto no âmbito privado (Brasil, 1989). Em decisões mais recentes, o STF fixou o entendimento de que o desconto dos dias paralisados deve ser efetuado – vejamos o teor do Tema de Repercussão Geral n. 531 fixado no Recurso Extraordinário n. 693.456/RJ:

> A administração pública deve proceder ao desconto dos dias de paralisação decorrentes do exercício do direito de greve pelos servidores públicos, em virtude da suspensão do vínculo funcional que dela decorre, permitida a compensação em caso de acordo. O desconto será, contudo, incabível se ficar demonstrado que a greve foi provocada por conduta ilícita do poder público. (Brasil, 2017h)

Acórdão em destaque

STF – Recurso Extraordinário com Agravo n. 654.432/GO

1. A atividade policial é carreira de Estado imprescindível à manutenção da normalidade democrática, sendo impossível sua complementação ou substituição pela atividade privada. A carreira policial é o braço armado do Estado, responsável pela garantia da segurança interna, ordem pública e paz social. E o Estado não faz greve. O Estado em greve é anárquico. A CF não permite.

2. Aparente colisão de direitos. Prevalência do interesse público e social na manutenção da segurança interna, da ordem pública e da paz social sobre o interesse

> individual de determinada categoria de servidores públicos. Impossibilidade absoluta do exercício do direito de greve às carreiras policiais. Interpretação teleológica do texto constitucional, em especial dos arts. 9º, § 1º; 37, VII; e 144.
>
> 3. Recurso provido, com afirmação de tese de repercussão geral: 1 – O exercício do direito de greve, sob qualquer forma ou modalidade, é vedado aos policiais civis e a todos os servidores públicos que atuem diretamente na área de segurança pública. 2 – É obrigatória a participação do poder público em mediação instaurada pelos órgãos classistas das carreiras de segurança pública, nos termos do art. 165 do CPC, para vocalização dos interesses da categoria. (Brasil, 2018b)

Devemos recordar, ainda, que o direito de greve é assegurado, desde que não exercido de forma abusiva, como bem consigna o STF na Ação Direta de Inconstitucionalidade n. 3.235/AL:

> O exercício de um direito constitucional é garantia fundamental a ser protegida por esta Corte, desde que não exercido de forma abusiva. [...] ao considerar o exercício do direito de greve como falta grave ou fato desabonador da conduta, em termos de avaliação de estágio probatório, que enseja imediata exoneração do servidor público não estável, o dispositivo impugnado viola o direito de greve conferido aos servidores públicos no art. 37, VII, CF/1988, na medida em que inclui, entre os fatores de avaliação do estágio probatório, de

forma inconstitucional, o exercício não abusivo do direito de greve. (Brasil, 2010a)

Sobre o **direito de livre associação sindical**, o STF tem interessantes julgados. Confira o teor da Ação Direta de Inconstitucionalidade n. 990/MG:

> Organização sindical: interferência na atividade. Ação direta de inconstitucionalidade do parágrafo único do art. 34 da Constituição do Estado de Minas Gerais, introduzido pela EC 8, de 13 de julho de 1993, que limita o número de servidores públicos afastáveis do serviço para exercício de mandato eletivo em diretoria de entidade sindical proporcionalmente ao número de filiados a ela [...]. Mérito: alegação de ofensa ao inciso I do art. 8º, ao VI do art. 37, ao XXXVI do art. 5º e ao XIX do art. 5º, todos da CF, por interferência em entidade sindical. Inocorrência dos vícios apontados. (Brasil, 2003a)

Acórdão em destaque

STF – Ação Direta de Inconstitucionalidade n. 510/AM

O exercício de função executiva em instituição sindical não se confunde com o exercício de mandato eletivo, previsto no art. 38 da Constituição da República. Possibilidade de norma constitucional estadual assegurar aos servidores públicos estaduais dirigentes

> sindicais o afastamento do exercício do cargo, sem prejuízo da remuneração e das vantagens inerentes ao cargo público. (Brasil, 2014b)

Em suma, o direito de greve, tão fundamental a qualquer trabalhador, sofre algumas limitações no âmbito do funcionalismo público. A ausência de legislação específica é um problema sério, que encontra paliativo na utilização da lei voltada aos trabalhadores do setor privado. Mais recentemente, a possibilidade de desconto salarial fixada pelo STF tornou a situação ainda mais complexa – e a urgência de lei reguladora do tema é cada vez maior.

— 7.6 —
Responsabilidade dos agentes públicos

Os agentes públicos não estão isentos de responsabilidades quando em exercício, e essa responsabilidade pode ser civil, penal ou administrativa.

- **Responsabilidade civil** – Essa responsabilidade decorre diretamente do art. 186 do Código Civil, segundo o qual todo aquele que causa dano é obrigado a repará-lo (Brasil, 2002a). Para que se configure a responsabilidade civil, é necessário que estejam presentes os seguintes requisitos: ação ou omissão antijurídica; culpa ou dolo; relação de causalidade entre a ação ou omissão e o dano verificado; ocorrência de um dano material ou moral.

- **Responsabilidade administrativa** – Decorre da prática de ilícitos administrativos previsto na legislação estatutária específica (na esfera federal, a Lei n. 8.112/1990, em seu Título IV, traça o regime disciplinar do servidor nos arts. 116 a 142). Tem como requisitos para sua configuração os mesmos elementos básicos exigidos pelo Código Civil (Brasil, 2002a).
- **Responsabilidade penal** – Imputa-se ao servidor que pratica crime ou contravenção e tem os seguintes requisitos: ação ou omissão típica e antijurídica; presença de dolo ou culpa; relação de causalidade; e dano ou perigo de dano.

Quanto aos **crimes de responsabilidade**, temos que, em decorrência do art. 85 da Constituição e definidos pela Lei n. 1.079, de 10 de abril de 1950, esses crimes são imputáveis ao presidente da República, aos ministros de Estado, aos ministros do STF, ao procurador-geral da República e aos governadores e secretários de Estado (Brasil, 1950).

Segundo o STF, a competência para a definição das condutas típicas de crime de responsabilidade e o estabelecimento das regras procedimentais para o julgamento dos agentes políticos federais, estaduais ou municipais são privativos da União. Confira trecho da Ação Direta de Inconstitucionalidade n. 2.220/SP:

> A definição das condutas típicas configuradoras do crime de responsabilidade e o estabelecimento de regras que disciplinem o processo e julgamento dos agentes políticos federais,

estaduais ou municipais envolvidos são da competência legislativa privativa da União e devem ser tratados em lei nacional especial (art. 85 da Constituição da República). (Brasil, 2011b)

Exatamente por tal razão, os estados ou os municípios não detêm essa competência, conforme o teor do Referendo na Medida Cautelar na Ação Direta de Inconstitucionalidade n. 4.190/RJ do STF:

> O Estado-membro não dispõe de competência para instituir, mesmo em sua própria Constituição, cláusulas tipificadoras de crimes de responsabilidade, ainda mais se as normas estaduais definidoras de tais ilícitos tiverem por finalidade viabilizar a responsabilização política dos membros integrantes do tribunal de contas. A competência constitucional para legislar sobre crimes de responsabilidade (e, também, para defini-lhes a respectiva disciplina ritual) pertence, exclusivamente, à União Federal. [...] Súmula 722/STF. (Brasil, 2010b)

Súmula em destaque

STF – Súmula Vinculante n. 46

A definição dos crimes de responsabilidade e o estabelecimento das respectivas normas de processo e julgamento são da competência legislativa privativa da União. (Brasil, 2015g)

É ainda relevante destacar que, nos casos de *impeachment*, já decidiu o STF ser possível a aplicação subsidiária do Regimento Interno da Câmara dos Deputados no concernente ao procedimento. É o teor dos Embargos de Declaração na Arguição de Descumprimento de Preceito Fundamental n. 378/DF:

> A aplicação subsidiária do Regimento Interno da Câmara dos Deputados e do Senado ao processamento e julgamento do *impeachment* não viola a reserva de lei especial imposta pelo art. 85, parágrafo único, da Constituição, desde que as normas regimentais sejam compatíveis com os preceitos legais e constitucionais pertinentes, limitando-se a disciplinar questões *interna corporis*. (Brasil, 2016d)

Desse modo, em arremate, constatamos que nenhum agente público, nem mesmo os agentes políticos, estão imunes a responsabilizações por condutas detrimentosas ao interesse público.

— 7.7 —
Improbidade administrativa

Em face da necessidade de cumprimento do princípio da moralidade administrativa, torna-se insuficiente apenas a observância da legalidade, o cumprimento estrito do que é estabelecido em lei. Também é necessário garantir princípios e comportamentos fundados na ética, na lealdade, na boa-fé, enfim, na probidade.

Exatamente para assegurar essa circunstância é que foi editada a Lei da Improbidade Administrativa – Lei n. 8.429, de 2 de junho de 1992 (Brasil, 1992a), com base no parágrafo 4º do art. 37 da Constituição: "Os atos de improbidade administrativa importarão a suspensão dos direitos políticos, a perda da função pública, a indisponibilidade dos bens e o ressarcimento ao erário, na forma e gradação previstas em lei, sem prejuízo da ação penal cabível" (Brasil, 1988).

Considerações finais

Chegamos, caro leitor, ao final de nossa viagem pela seara da Administração Pública. Embora não tenha sido possível, pelas razões que já mencionamos na apresentação, aprofundar e abarcar todos os temas relativos ao Direito Administrativo, acreditamos que nosso voo panorâmico permitiu a você adquirir uma noção sólida sobre a disciplina, o que certamente despertará a busca por mergulhos mais intensos e mais profundos.

Por outro lado, esperamos que o conhecimento adquirido também lhe tenha propiciado lançar outro olhar sobre a Administração Pública, ciente de suas responsabilidades e de seus mecanismos de atuação. Ainda, que tenha ampliado sua visão de cidadania, pois você passa, agora, a compreender e a melhor utilizar os mecanismos de controle do Estado, fomentando, assim, a verdadeira democracia e a participação do cidadão nos rumos tomados pelo Estado e por políticas públicas muitas vezes carentes de adequada implementação.

O Estado, e assim a Administração Pública que lhe gere as funções, é bem de todos, e por todos deve ser cuidado.

Na expectativa sincera de que esses objetivos tenham sido atingidos, finalizamos, por ora, o diálogo.

Referências

BANDEIRA DE MELLO, C. A. **Curso de direito administrativo**. 32. ed. rev. e atual. São Paulo: Malheiros, 2014.

BOTTALLO, E. D. Teoria da divisão dos poderes: antecedentes históricos e principais aspectos. **Revista da Faculdade de Direito da Universidade de São Paulo**, v. 102, p. 25-46, jan./dez. 2007.

BRASIL. Constituição (1988). **Diário Oficial da União**, Brasília, DF, 5 out. 1988. Disponível em: <http://www.planalto.gov.br/ccivil_03/Constituicao/Constituicao.htm>. Acesso em: 25 ago. 2020.

BRASIL. Constituição (1988). Emenda Constitucional n. 18, de 5 de fevereiro de 1998. **Diário Oficial da União**, Poder Legislativo, Brasília, DF, 6 fev. 1998a. Disponível em: <http://www.planalto.gov.br/ccivil_03/constituicao/Emendas/Emc/emc18.htm>. Acesso em: 25 ago. 2020.

BRASIL. Constituição (1988). Emenda Constitucional n. 19, de 4 de junho de 1998. **Diário Oficial da União**, Poder Legislativo, Brasília, DF, 5 jun. 1998b. Disponível em: < http://www.planalto.gov.br/ccivil_03/Constituicao/Emendas/Emc/emc19.htm>. Acesso em: 25 ago. 2020.

BRASIL. Decreto n. 3.100, de 30 de junho de 1999. **Diário Oficial da União**, Poder Executivo, Brasília, DF, 1º jul. 1999a. Disponível em: <http://www.planalto.gov.br/ccivil_03/decreto/d3100.htm>. Acesso em: 25 ago. 2020.

BRASIL. Decreto n. 6.017, de 17 de janeiro de 2007. **Diário Oficial da União**, Poder Executivo, Brasília, DF, 18 jan. 2007a. Disponível em: <http://www.planalto.gov.br/ccivil_03/_Ato2007-2010/2007/Decreto/D6017.htm>. Acesso em: 25 ago. 2020.

BRASIL. Decreto-Lei n. 200, de 25 de fevereiro de 1967. Diário Oficial da União, Poder Executivo, Brasília, DF, 27 mar. 1967. Disponível em: <http://www.planalto.gov.br/ccivil_03/decreto-lei/del0200.htm>. Acesso em: 25 ago. 2020.

BRASIL. Decreto-Lei n. 2.848, de 7 de dezembro de 1940. **Diário Oficial da União**, Poder Executivo, Brasília, DF, 31 dez. 1940. Disponível em: <http://www.planalto.gov.br/ccivil_03/decreto-lei/del2848compilado.htm>. Acesso em: 25 ago. 2020.

BRASIL. Decreto-Lei n. 5.452, de 1º de maio de 1943. **Diário Oficial da União**, Poder Executivo, Brasília, DF, 9 ago. 1943. Disponível em: <http://www.planalto.gov.br/ccivil_03/decreto-lei/del5452.htm>. Acesso em: 25 ago. 2020.

BRASIL. Decreto-Lei n. 200, de 25 de fevereiro de 1967. **Diário Oficial da União**, Poder Executivo, Brasília, DF, 27 mar. 1967. Disponível em: <http://www.planalto.gov.br/ccivil_03/decreto-lei/del0200.htm>. Acesso em: 25 ago. 2020.

BRASIL. Lei n. 1.079, de 10 de abril de 1950. **Diário Oficial da União**, Brasília, DF, 12 abr. 1950. Disponível em: <http://www.planalto.gov.br/ccivil_03/leis/l1079.htm>. Acesso em: 25 ago. 2020.

BRASIL. Lei n. 4.717, de 29 de junho de 1965. **Diário Oficial da União**, Poder Executivo, Brasília, DF, 5 jul. 1965. Disponível em: <http://www.planalto.gov.br/ccivil_03/leis/l4717.htm>. Acesso em: 25 ago. 2020.

BRASIL. Lei n. 5.172, de 25 de outubro de 1966. **Diário Oficial da União**, Poder Legislativo, Brasília, DF, 27 out. 1966. Disponível em: <http://www.planalto.gov.br/ccivil_03/leis/l5172.htm>. Acesso em: 25 ago. 2020.

BRASIL. Lei n. 7.783, de 28 de junho de 1989. **Diário Oficial da União**, Poder Executivo, Brasília, DF, 26 jun. 1989. Disponível em: <http://www.planalto.gov.br/ccivil_03/leis/l7783.HTM>. Acesso em: 25 ago. 2020.

BRASIL. Lei n. 8.112, de 11 de dezembro de 1990. **Diário Oficial da União**, Poder Executivo, Brasília, DF, 19 abr. 1991. Disponível em: <http://www.planalto.gov.br/ccivil_03/leis/l8112cons.htm>. Acesso em: 25 ago. 2020.

BRASIL. Lei n. 8.429, de 2 de junho de 1992. **Diário Oficial da União**, Poder Executivo, Brasília, DF, 3 jun. 1992a. Disponível em: <http://www.planalto.gov.br/ccivil_03/leis/l8429.htm>. Acesso em: 25 ago. 2020.

BRASIL. Lei n. 9.637, de 15 de maio de 1998. **Diário Oficial da União**, Poder Executivo, Brasília, DF, 18 maio 1998c. Disponível em: <http://www.planalto.gov.br/ccivil_03/leis/l9637.htm>. Acesso em: 25 ago. 2020.

BRASIL. Lei n. 9.649, de 27 de maio de 1998. **Diário Oficial da União**, Poder Executivo, Brasília, DF, 28 maio 1998d. Disponível em: <http://www.planalto.gov.br/ccivil_03/LEIS/L9649cons.htm>. Acesso em: 25 ago. 2020.

BRASIL. Lei n. 9.784, de 29 de janeiro de 1999. **Diário Oficial da União**, Poder Legislativo, Brasília, DF, 1º fev. 1999b. Disponível em: <http://www.planalto.gov.br/ccivil_03/leis/l9784.htm>. Acesso em: 25 ago. 2020.

BRASIL. Lei n. 9.790, de 23 de março 1999. **Diário Oficial da União**, Poder Legislativo, Brasília, DF, 24 mar. 1999c. Disponível em: <http://www.planalto.gov.br/ccivil_03/LEIS/L9790.htm>. Acesso em: 25 ago. 2020.

BRASIL. Lei n. 9.962, de 22 de fevereiro de 2000. **Diário Oficial da União**, Poder Executivo, Brasília, DF, 23 fev. 2000. Disponível em: <http://www.planalto.gov.br/ccivil_03/LEIS/L9962.htm>. Acesso em: 25 ago. 2020.

BRASIL. Lei n. 10.406, de 10 de janeiro de 2002. **Diário Oficial da União**, Poder Legislativo, Brasília, DF, 11 jan. 2002a. Disponível em: <http://www.planalto.gov.br/ccivil_03/leis/2002/l10406.htm>. Acesso em: 25 ago. 2020.

BRASIL. Lei n. 11.107, de 6 de abril de 2005. **Diário Oficial da União**, Poder Legislativo, Brasília, DF, 7 abr. 2005a. Disponível em: <http://www.planalto.gov.br/ccivil_03/_Ato2004-2006/2005/Lei/L11107.htm>. Acesso em: 25 ago. 2020.

BRASIL. Lei n. 13.019, de 31 de julho de 2014. **Diário Oficial da União**, Poder Executivo, Brasília, DF, 1º ago. 2014a. Disponível em: <http://www.planalto.gov.br/ccivil_03/_ato2011-2014/2014/lei/l13019.htm>. Acesso em: 25 ago. 2020.

BRASIL. Lei n. 13.105, de 16 de março de 2015. **Diário Oficial da União**, Poder Legislativo, Brasília, DF, 17 mar. 2015a. Disponível em: <http://www.planalto.gov.br/ccivil_03/_ato2015-2018/2015/lei/l13105.htm>. Acesso em: 25 ago. 2020.

BRASIL. Superior Tribunal de Justiça. Agravo Interno no Agravo em Recurso Especial n. 1.735.329/RJ, de 21 de março de 2019. Relator: Min. Herman Benjamin. **Diário da Justiça**, Brasília, DF, 22 abr. 2019a. Disponível em: <https://ww2.stj.jus.br/processo/revista/inteiroteor/?num_registro=201800848590&dt_publicacao=22/04/2019>. Acesso em: 25 ago. 2020.

BRASIL. Superior Tribunal de Justiça. Agravo Interno no Agravo em Recurso Especial n. 1.343.652/MG, de 29 de abril de 2019. Relator: Min. Napoleão Nunes Maia Filho. **Diário da Justiça**, Brasília, DF, 10 maio 2019b. Disponível em: <https://ww2.stj.jus.br/processo/revista/inteiroteor/?num_registro=201802026717&dt_publicacao=10/05/2019>. Acesso em: 25 ago. 2020.

BRASIL. Superior Tribunal de Justiça. Agravo Interno no Agravo em Recurso Especial n. 815.473/SP, de 19 de agosto de 2019. Relator: Min. Antonio Carlos Ferreira. **Diário da Justiça**, Brasília, DF, 22 ago. 2019c. Disponível em: <https://ww2.stj.jus.br/processo/revista/inteiroteor/?num_registro=201502716851&dt_publicacao=22/08/2019>. Acesso em: 25 ago. 2020.

BRASIL. Superior Tribunal de Justiça. Agravo Interno no Agravo em Recurso Especial n. 1.395.319/ES, de 17 de dezembro de 2019. Relator: Min. Napoleão Nunes Maia Filho. **Diário da Justiça**, Brasília, DF, 19 dez. 2019d. Disponível em: <https://ww2.stj.jus.br/processo/revista/inteiroteor/?num_registro=201802943208&dt_publicacao=19/12/2019>. Acesso em: 25 ago. 2020.

BRASIL. Superior Tribunal de Justiça. Agravo Interno no Agravo em Recurso Especial n. 1.586.289/SC, de 17 de fevereiro de 2020. Relator: Min. Napoleão Nunes Maia Filho. **Diário da Justiça**, Brasília, DF, 17 fev. 2020a. Disponível em: <https://ww2.stj.jus.br/processo/revista/inteiroteor/?num_registro=201600454923&dt_publicacao=03/03/2020>. Acesso em: 25 ago. 2020.

BRASIL. Superior Tribunal de Justiça. Agravo Interno no Agravo em Recurso Especial n. 1.564.887/MT, de 3 de março de 2020. Relatora: Min. Assusete Magalhães. **Diário da Justiça**, Brasília, DF, 10 mar. 2020b. Disponível em: <https://ww2.stj.jus.br/processo/revista/inteiroteor/?num_registro=201902412109&dt_publicacao=10/03/2020>. Acesso em: 25 ago. 2020.

BRASIL. Superior Tribunal de Justiça. Agravo Interno no Agravo Interno no Agravo em Recurso Especial n. 1.352.329/RJ, de 25 de junho de 2019. Relator: Min. Campbell Marques. **Diário da Justiça**, Brasília, DF, 28 jun. 2019e. Disponível em: <https://ww2.stj.jus.br/processo/revista/inteiroteor/?num_registro=201802180161&dt_publicacao=28/06/2019>. Acesso em: 25 ago. 2020.

BRASIL. Superior Tribunal de Justiça. Agravo Interno no Recurso em Mandado de Segurança n. 52.008/PR, de 3 de dezembro de 2019. Relator: Min. Francisco Falcão. **Diário da Justiça**, Brasília, DF, 9 dez. 2019f. Disponível em: <https://ww2.stj.jus.br/processo/revista/inteiroteor/?num_registro=201602409283&dt_publicacao=09/12/2019>. Acesso em: 25 ago. 2020.

BRASIL. Superior Tribunal de Justiça. Agravo Interno no Recurso em Mandado de Segurança n. 51.731/RS, de 16 de dezembro de 2019. Relator: Min. Gurgel de Faria. **Diário da Justiça**, Brasília, DF, 19 dez. 2019g. Disponível em: <https://ww2.stj.jus.br/processo/revista/inteiroteor/?num_registro=201602092173&dt_publicacao=19/12/2019>. Acesso em: 25 ago. 2020.

BRASIL. Superior Tribunal de Justiça. Agravo Interno no Recurso em Mandado de Segurança n. 49.914/RS, de 9 de março de 2020. Relator: Min. Benedito Gonçalves. **Diário da Justiça**, Brasília, DF, 11 mar. 2020c. Disponível em: <https://ww2.stj.jus.br/processo/revista/inteiroteor/?num_registro=201503124570&dt_publicacao=11/03/2020>. Acesso em: 25 ago. 2020.

BRASIL. Superior Tribunal de Justiça. Agravo Interno no Recurso Especial n. 1.569.247/RJ, de 15 de outubro de 2019. Relatora: Min. Assusete Magalhães. **Diário da Justiça**, Brasília, DF, 15 out. 2019h. Disponível em: <https://scon.stj.jus.br/SCON/servlet/BuscaAcordaos?action=mostrar&num_registro=201502822181&dt_publicacao=05/11/2019>. Acesso em: 25 ago. 2020.

BRASIL. Superior Tribunal de Justiça. Agravo Regimental no Agravo em Recurso Especial n. 663.580/PE, de 26 de maio de 2015. Relator: Min. Herman Benjamin. **Diário da Justiça**, Brasília, DF, 30 jun. 2015b. Disponível em: <https://ww2.stj.jus.br/processo/revista/inteiroteor/?num_registro=201500359216&dt_publicacao=30/06/2015>. Acesso em: 25 ago. 2020.

BRASIL. Superior Tribunal de Justiça. Agravo Regimental no Recurso em Mandado de Segurança n. 49.085/RJ, de 19 de novembro de 2015. Relator: Min. Mauro Campbell Marques. **Diário da Justiça**, Brasília, DF, 27 nov. 2015c. Disponível em: <https://ww2.stj.jus.br/processo/revista/inteiroteor/?num_registro=201501966499&dt_publicacao=27/11/2015>. Acesso em: 25 ago. 2020.

BRASIL. Superior Tribunal de Justiça. Agravo Regimental no Recurso Especial n. 1.192.278/PE, de 9 de março de 2017. Relator: Min. Napoleão Nunes Maia Filho. **Diário da Justiça**, Brasília, DF, 21 mar. 2017a. Disponível em: <https://ww2.stj.jus.br/processo/revista/inteiroteor/?num_registro=201000747423&dt_publicacao=21/03/2017>. Acesso em: 25 ago. 2020.

BRASIL. Superior Tribunal de Justiça. Agravo Regimental no Recurso Especial n. 1.567.624/SC, de 20 de setembro de 2018. Relator: Min. Joel Ilan Paciornik. **Diário da Justiça**, Brasília, DF, 3 out. 2018a. Disponível em: <https://ww2.stj.jus.br/processo/revista/inteiroteor/?num_registro=201502961331&dt_publicacao=03/10/2018>. Acesso em: 25 ago. 2020.

BRASIL. Superior Tribunal de Justiça. Mandado de Segurança n. 9.643/DF, de 26 de outubro de 2005. Relatora: Min. Eliana Calmon. **Diário da Justiça**, Brasília, DF, 14 nov. 2005b. Disponível em: <https://ww2.stj.jus.br/processo/revista/inteiroteor/?num_registro=200400491120&dt_publicacao=14/11/2005>. Acesso em: 25 ago. 2020.

BRASIL. Superior Tribunal de Justiça. Questão de Ordem na Ação Penal n. 874/DF, de 15 de maio de 2019. Relatora: Min. Nancy Andrighi. **Diário da Justiça**, Brasília, DF, 3 jun. 2019i. Disponível em: <https://ww2.stj.jus.br/processo/revista/inteiroteor/?num_registro=201702003371&dt_publicacao=03/06/2019>. Acesso em: 25 ago. 2020.

BRASIL. Superior Tribunal de Justiça. Recurso em Habeas Corpus n. 29.660/PR, de 12 de abril de 2011. Relator: Min. Napoleão Nunes Maia Filho. **Diário da Justiça**, Brasília, DF, 20 maio 2011a. Disponível em: <https://ww2.stj.jus.br/processo/revista/inteiroteor/?num_registro=201100262846&dt_publicacao=20/05/2011>. Acesso em: 25 ago. 2020.

BRASIL. Superior Tribunal de Justiça. Recurso Especial n. 16.284/PR, de 16 de dezembro de 1991. Relator: Min. Humberto Gomes de Barros. **Diário da Justiça**, Brasília, DF, 23 mar. 1992b. Disponível em: <https://ww2.stj.jus.br/processo/ita/listarAcordaos?classe=&num_processo=&num_registro=199000133637&dt_publicacao=23/03/1992>. Acesso em: 25 ago. 2020.

BRASIL. Superior Tribunal de Justiça. Recurso Especial n. 742.175/GO, de 18 de outubro de 2005. Relator: Min. Luiz Fux. **Diário da Justiça**, Brasília, DF, 6 fev. 2006a. Disponível em: <https://ww2.stj.jus.br/processo/revista/inteiroteor/?num_registro=200500610411&dt_publicacao=06/02/2006>. Acesso em: 25 ago. 2020.

BRASIL. Superior Tribunal de Justiça. Recurso Especial n. 1.245.149/MS, de 9 de outubro de 2012. Relator: Min. Herman Benjamin. **Diário da Justiça**, Brasília, DF, 13 jun. 2013a. Disponível em: <https://ww2.stj.jus.br/processo/revista/inteiroteor/?num_registro=201100383719&dt_publicacao=13/06/2013>. Acesso em: 25 ago. 2020.

BRASIL. Superior Tribunal de Justiça. Recurso Especial n. 1.372.279/RJ, de 2 de fevereiro de 2016. Relator: Min. Herman Benjamin. **Diário da Justiça**, Brasília, DF, 20 maio 2016a. Disponível em: <https://ww2.stj.jus.br/processo/revista/inteiroteor/?num_registro=201300620350&dt_publicacao=20/05/2016>. Acesso em: 25 ago. 2020.

BRASIL. Superior Tribunal de Justiça. Recurso Especial n. 1.590.022/MA, de 9 de agosto de 2016. Relator: Min. Herman Benjamin. **Diário da Justiça**, Brasília, DF, 8 set. 2016b. Disponível em: <https://ww2.stj.jus.br/processo/revista/inteiroteor/?num_registro=201600664708&dt_publicacao=08/09/2016>. Acesso em: 25 ago. 2020.

BRASIL. Superior Tribunal de Justiça. Recurso Especial n. 1.666.307/MA, de 28 de novembro de 2017. Relator: Min. Herman Benjamin. **Diário da Justiça**, Brasília, DF, 19 dez. 2017b. Disponível em: <https://ww2.stj.jus.br/processo/revista/inteiroteor/?num_registro=201700627477&dt_publicacao=19/12/2017>. Acesso em: 25 ago. 2020.

BRASIL. Superior Tribunal de Justiça. Recurso Especial n. 1.787.922/ES, de 26 de fevereiro de 2019. Relator: Min. Herman Benjamin. **Diário da Justiça**, Brasília, DF, 30 maio 2019j. Disponível em: <https://ww2.stj.jus.br/processo/revista/inteiroteor/?num_registro=201803260056&dt_publicacao=30/05/2019>. Acesso em: 25 ago. 2020.

BRASIL. Superior Tribunal de Justiça. Recurso Ordinário em Mandado de Segurança n. 11.060/GO, de 25 de junho de 2002. Relatora: Min. Laurita Vaz. **Diário da Justiça**, Brasília, DF, 16 set. 2002b. Disponível em: <https://stj.jusbrasil.com.br/jurisprudencia/284853/recurso-ordinario-em-mandado-de-seguranca-rms-11060-go-1999-0069194-6>. Acesso em: 25 ago. 2020.

BRASIL. Superior Tribunal de Justiça. Recurso Ordinário em Mandado de Segurança n. 24.339/TO, de 30 de outubro de 2008. Relator: Min. Napoleão Nunes Maia Filho. **Diário da Justiça**, Brasília, DF, 17 nov. 2008a. Disponível em: <https://ww2.stj.jus.br/processo/revista/inteiroteor/?num_registro=200701304927&dt_publicacao=17/11/2008>. Acesso em: 25 ago. 2020.

BRASIL. Superior Tribunal de Justiça. Recurso Ordinário em Mandado de Segurança n. 29.206/MG, de 28 de maio de 2013. Relator: Min. Campos Marques. **Diário da Justiça**, Brasília, DF, 5 jun. 2013b. Disponível em: <https://ww2.stj.jus.br/processo/revista/inteiroteor/?num_registro=200900585890&dt_publicacao=05/06/2013>. Acesso em: 25 ago. 2020.

BRASIL. Superior Tribunal de Justiça. Recurso Ordinário em Mandado de Segurança n. 55.707/GO, de 12 de dezembro de 2017. Relator: Min. Herman Benjamin. **Diário da Justiça**, Brasília, DF, 19 dez. 2017c. Disponível em: <https://ww2.stj.jus.br/processo/revista/inteiroteor/?num_registro=201702857257&dt_publicacao=19/12/2017>. Acesso em: 25 ago. 2020.

BRASIL. Superior Tribunal de Justiça. Recurso Ordinário em Mandado de Segurança n. 55.732/PE, de 23 de maio de 2019. Relatora: Min. Assusete Magalhães. **Diário da Justiça**, Brasília, DF, 30 maio 2019k. Disponível em: <https://ww2.stj.jus.br/processo/revista/inteiroteor/?num_registro=201702887183&dt_publicacao=30/05/2019>. Acesso em: 25 ago. 2020.

BRASIL. Superior Tribunal de Justiça. Recurso Ordinário em Mandado de Segurança n. 59.515/PE, de 3 de dezembro de 2019. Relator: Min. Benedito Gonçalves. **Diário da Justiça**, Brasília, DF, 16 dez 2019l. Disponível em: <https://ww2.stj.jus.br/processo/revista/inteiroteor/?num_registro=201803177345&dt_publicacao=16/12/2019>. Acesso em: 25 ago. 2020.

BRASIL. Supremo Tribunal Federal. Ação Direta de Inconstitucionalidade n. 990/MG, de 6 de fevereiro de 2003. Relator: Min. Sidney Sanches. **Diário da Justiça**, Brasília, DF, 11 abr. 2003a. Disponível em: <http://redir.stf.jus.br/paginadorpub/paginador.jsp?docTP=AC&docID=266609>. Acesso em: 25 ago. 2020.

BRASIL. Supremo Tribunal Federal. Ação Direta de Inconstitucionalidade n. 1.328/AL, de 12 de maio de 2004. Relatora: Min. Ellen Gracie. **Diário da Justiça**, Brasília, DF, 18 jun. 2004. Disponível em: <http://redir.stf.jus.br/paginadorpub/paginador.jsp?docTP=AC&docID=385478>. Acesso em: 25 ago. 2020.

BRASIL. Supremo Tribunal Federal. Ação Direta de Inconstitucionalidade n. 3.026/DF, de 8 de junho de 2006. Relator: Min. Eros Grau. **Diário da Justiça**, Brasília, DF, 29 set. 2006b. Disponível em: <http://redir.stf.jus.br/paginadorpub/paginador.jsp?docTP=AC&docID=363283>. Acesso em: 25 ago. 2020.

BRASIL. Supremo Tribunal Federal. Ação Direta de Inconstitucionalidade n. 3.068/DF, de 25 de agosto de 2004. Relator: Min. Marco Aurélio. **Diário da Justiça**, Brasília, DF, 24 fev. 2006c. Disponível em: <http://redir.stf.jus.br/paginadorpub/paginador.jsp?docTP=AC&docID=363299>. Acesso em: 25 ago. 2020.

BRASIL. Supremo Tribunal Federal. Ação Direta de Inconstitucionalidade n. 2.716/RO, de 29 de novembro de 2007. Relator: Min. Eros Grau. **Diário da Justiça**, Brasília, DF, 7 mar. 2008b. Disponível em: <http://redir.stf.jus.br/paginadorpub/paginador.jsp?docTP=AC&docID=513627>. Acesso em: 25 ago. 2020.

BRASIL. Supremo Tribunal Federal. Ação Direta de Inconstitucionalidade n. 3.235/AL, de 5 de fevereiro de 2010. Relator: Min. Gilmar Mendes. **Diário da Justiça**, Brasília, DF, 12 mar. 2010a. Disponível em: <http://redir.stf.jus.br/paginadorpub/paginador.jsp?docTP=AC&docID=609252>. Acesso em: 25 ago. 2020.

BRASIL. Supremo Tribunal Federal. Ação Direta de Inconstitucionalidade n. 2.220/SP, de 16 de novembro de 2011. Relatora: Min. Cármen Lúcia. **Diário da Justiça**, Brasília, DF, 7 dez. 2011b. Disponível em: <http://redir.stf.jus.br/paginadorpub/paginador.jsp?docTP=TP&docID=1609913>. Acesso em: 25 ago. 2020.

BRASIL. Supremo Tribunal Federal. Ação Direta de Inconstitucionalidade n. 2.198/PB, de 11 de abril de 2013. Relator: Min. Dias Toffoli. **Diário da Justiça**, Brasília, DF, 19 ago. 2013c. Disponível em: <http://redir.stf.jus.br/paginadorpub/paginador.jsp?docTP=TP&docID=4340310>. Acesso em: 25 ago. 2020.

BRASIL. Supremo Tribunal Federal. Ação Direta de Inconstitucionalidade n. 3.745/GO, de 15 de maio de 2013. Relator: Min. Dias Toffoli. **Diário da Justiça**, Brasília, DF, 1º ago. 2013d. Disponível em: <http://redir.stf.jus.br/paginadorpub/paginador.jsp?docTP=TP&docID=4154641>. Acesso em: 25 ago. 2020.

BRASIL. Supremo Tribunal Federal. Ação Direta de Inconstitucionalidade n. 510/AM, de 11 de junho de 2014. Relatora: Min. Cármen Lúcia. **Diário da Justiça**, Brasília, DF, 3 out. 2014b. Disponível em: <http://redir.stf.jus.br/paginadorpub/paginador.jsp?docTP=TP&docID=6849722>. Acesso em: 25 ago. 2020.

BRASIL. Supremo Tribunal Federal. Ação Direta de Inconstitucionalidade n. 4.180/DF, de 11 de setembro de 2014. Relator: Min. Gilmar Mendes. **Diário da Justiça**, Brasília, DF, 7 out. 2014c. Disponível em: <http://redir.stf.jus.br/paginadorpub/paginador.jsp?docTP=TP&docID=10499500>. Acesso em: 25 ago. 2020.

BRASIL. Supremo Tribunal Federal. Ação Direta de Inconstitucionalidade n. 4.954/AC, de 20 de agosto de 2014. Relator: Min. Marco Aurélio. **Diário da Justiça**, Brasília, DF, 30 out. 2014d. Disponível em: <http://redir.stf.jus.br/paginadorpub/paginador.jsp?docTP=TP&docID=7081133>. Acesso em: 25 ago. 2020.

BRASIL. Supremo Tribunal Federal. Ação Direta de Inconstitucionalidade n. 4.976/DF, de 7 de maio de 2014. Relator: Min. Ricardo Lewandowski. **Diário da Justiça**, Brasília, DF, 30 out. 2014e. Disponível em: <http://redir.stf.jus.br/paginadorpub/paginador.jsp?docTP=TP&docID=7044452>. Acesso em: 25 ago. 2020.

BRASIL. Supremo Tribunal Federal. Ação Direta de Inconstitucionalidade n. 4.900/DF, de 11 de fevereiro de 2015. Relator: Min. Teori Zavascki. **Diário da Justiça**, Brasília, DF, 20 abr. 2015d. Disponível em: <http://redir.stf.jus.br/paginadorpub/paginador.jsp?docTP=TP&docID=8255380>. Acesso em: 25 ago. 2020.

BRASIL. Supremo Tribunal Federal. Ação Direta de Inconstitucionalidade n. 4.259/PB, de 3 de março de 2016. Relator: Min. Edson Fachin. **Diário da Justiça**, Brasília, DF, 16 mar. 2016c. Disponível em: <http://redir.stf.jus.br/paginadorpub/paginador.jsp?docTP=TP&docID=10499500>. Acesso em: 25 ago. 2020.

BRASIL. Supremo Tribunal Federal. Ação Direta de Inconstitucionalidade n. 3.174/SE, de 23 de agosto de 2019. Relator: Min. Roberto Barroso. **Diário da Justiça**, Brasília, DF, 6 set. 2019m. Disponível em: <http://redir.stf.jus.br/paginadorpub/paginador.jsp?docTP=TP&docID=750740374>. Acesso em: 25 ago. 2020.

BRASIL. Supremo Tribunal Federal. Ação Direta de Inconstitucionalidade n. 3.519/RN, de 20 de setembro de 2019. Relator: Min. Edson Fachin. **Diário da Justiça**, Brasília, DF, 3 out. 2019n. Disponível em: <http://redir.stf.jus.br/paginadorpub/paginador.jsp?docTP=TP&docID=751048028>. Acesso em: 25 ago. 2020.

BRASIL. Supremo Tribunal Federal. Ação Direta de Inconstitucionalidade n. 5.752/SC, de 18 de outubro de 2019. Relator: Min. Luiz Fux. **Diário da Justiça**, Brasília, DF, 4 nov. 2019o. Disponível em: <http://redir.stf.jus.br/paginadorpub/paginador.jsp?docTP=TP&docID=751285609>. Acesso em: 25 ago. 2020.

BRASIL. Supremo Tribunal Federal. Ação Direta de Inconstitucionalidade n. 5.346/BA, de 18 de outubro de 2019. Relator: Min. Alexandre de Moraes. **Diário da Justiça**, Brasília, DF, 6 nov. 2019p. Disponível em: <http://redir.stf.jus.br/paginadorpub/paginador.jsp?docTP=TP&docID=751318190>. Acesso em: 25 ago. 2020.

BRASIL. Supremo Tribunal Federal. Ação Direta de Inconstitucionalidade n. 5.696/MG, de 25 de outubro de 2019. Relator: Min. Alexandre de Moraes. **Diário da Justiça**, Brasília, DF, 11 nov. 2019q. Disponível em: <http://redir.stf.jus.br/paginadorpub/paginador.jsp?docTP=TP&docID=751355433>. Acesso em: 25 ago. 2020.

BRASIL. Supremo Tribunal Federal. Agravo Regimental em Mandado de Segurança n. 23.294/DF, de 23 de agosto de 2019. Relatora: Min. Rosa Weber. **Diário da Justiça**, Brasília, DF, 3 set. 2019r. Disponível em: <http://redir.stf.jus.br/paginadorpub/paginador.jsp?docTP=TP&docID=750698685>. Acesso em: 25 ago. 2020.

BRASIL. Supremo Tribunal Federal. Agravo Regimental em Mandado de Segurança n. 36.726/DF, de 7 a 13 de fevereiro de 2020. Relator: Min. Edson Fachin. **Diário da Justiça**, Brasília, DF, 28 fev. 2020d. Disponível em: <http://stf.jus.br/portal/diarioJustica/verDiarioProcesso.asp?numDj=41&dataPublicacaoDj=28/02/2020&incidente=5814524&codCapitulo=5&numMateria=18&codMateria=3>. Acesso em: 25 ago. 2020.

BRASIL. Supremo Tribunal Federal. Agravo Regimental na Ação Cível Originária n. 2.674/AP, de 6 de outubro de 2017. Relator: Min. Luiz Fux. **Diário da Justiça**, Brasília, DF, 25 out. 2017d. Disponível em: <http://redir.stf.jus.br/paginadorpub/paginador.jsp?docTP=TP&docID=13922558>. Acesso em: 25 ago. 2020.

BRASIL. Supremo Tribunal Federal. Agravo Regimental na Suspensão de Segurança n. 5.179/PI, de 20 de outubro de 2019. Relator: Min. Dias Toffoli. **Diário da Justiça**, Brasília, DF, 27 nov. 2019s. Disponível em: <https://jurisprudencia.stf.jus.br/pages/search/sjur415682/false>. Acesso em: 25 ago. 2020.

BRASIL. Supremo Tribunal Federal. Agravo Regimental no Agravo de Instrumento n. 638.814/DF, de 22 de maio de 2007. Relator: Min. Eros Grau. **Diário da Justiça**, Brasília, DF, 15 jun. 2007b. Disponível em: <http://redir.stf.jus.br/paginadorpub/paginador.jsp?docTP=AC&docID=464884>. Acesso em: 25 ago. 2020.

BRASIL. Supremo Tribunal Federal. Agravo Regimental no Recurso em Mandado de Segurança n. 22.047/DF, de 21 de fevereiro de 2006. Relator: Min. Eros Grau. **Diário da Justiça**, Brasília, DF, 31 mar. 2006d. Disponível em: <http://redir.stf.jus.br/paginadorpub/paginador.jsp?docTP=AC&docID=24933>. Acesso em: 25 ago. 2020.

BRASIL. Supremo Tribunal Federal. Agravo Regimental no Recurso Extraordinário n. 481.110/PE, de 6 de fevereiro de 2007. Relator: Min. Celso de Mello. **Diário da Justiça**, Brasília, DF, 9 mar. 2007c. Disponível em: <http://redir.stf.jus.br/paginadorpub/paginador.jsp?docTP=AC&docID=409350>. Acesso em: 25 ago. 2020.

BRASIL. Supremo Tribunal Federal. Agravo Regimental no Recurso Extraordinário n. 544.655/MG, de 9 de setembro de 2008. Relator: Min. Eros Grau. **Diário da Justiça**, Brasília, DF, 10 out. 2008c. Disponível em: <http://redir.stf.jus.br/paginadorpub/paginador.jsp?docTP=AC&docID=554201>. Acesso em: 25 ago. 2020.

BRASIL. Supremo Tribunal Federal. Agravo Regimental no Recurso Extraordinário n. 495.740/DF, de 15 de abril de 2008. Relator: Min. Celso de Mello. **Diário da Justiça**, Brasília, DF, 14 ago. 2009a. Disponível em: <http://redir.stf.jus.br/paginadorpub/paginador.jsp?docTP=AC&docID=600790>. Acesso em: 25 ago. 2020.

BRASIL. Supremo Tribunal Federal. Agravo Regimental no Recurso Extraordinário n. 318.725/RJ, de 16 de dezembro de 2008. Relatora: Min. Ellen Gracie. **Diário da Justiça**, Brasília, DF, 27 fev. 2009b. Disponível em: <http://redir.stf.jus.br/paginadorpub/paginador.jsp?docTP=AC&docID=578274>. Acesso em: 25 ago. 2020.

BRASIL. Supremo Tribunal Federal. Agravo Regimental no Recurso Extraordinário n. 346.180/RS, de 14 de junho de 2011. Relator: Min. Joaquim Barbosa. **Diário da Justiça**, Brasília, DF, 1º ago. 2011c. Disponível em: <http://redir.stf.jus.br/paginadorpub/paginador.jsp?docTP=AC&docID=625011>. Acesso em: 25 ago. 2020.

BRASIL. Supremo Tribunal Federal. Agravo Regimental no Recurso Extraordinário n. 668.810/SP, de 30 de junho de 2017. Relator: Min. Dias Toffoli. **Diário da Justiça**, Brasília, DF, 10 ago. 2017e. Disponível em: <http://redir.stf.jus.br/paginadorpub/paginador.jsp?docTP=TP&docID=13328304>. Acesso em: 25 ago. 2020.

BRASIL. Supremo Tribunal Federal. Agravo Regimental no Recurso Extraordinário com Agravo n. 642.017/PR, de 20 de setembro de 2011. Relator: Min. Dias Toffoli. **Diário da Justiça**, Brasília, DF, 20 out. 2011d. Disponível em: <http://redir.stf.jus.br/paginadorpub/paginador.jsp?docTP=AC&docID=628830>. Acesso em: 25 ago. 2020.

BRASIL. Supremo Tribunal Federal. Agravo Regimental no Recurso Extraordinário com Agravo n. 781.359/SP, de 25 de março de 2014. Relator: Min. Roberto Barroso. **Diário da Justiça**, Brasília, DF, 23 abr. 2014f. Disponível em: <http://redir.stf.jus.br/paginadorpub/paginador.jsp?docTP=TP&docID=5685450>. Acesso em: 25 ago. 2020.

BRASIL. Supremo Tribunal Federal. Agravo Regimental no Recurso Extraordinário com Agravo n. 1.141.147/RS, de 13 de agosto de 2019. Relator: Min. Roberto Barroso. **Diário da Justiça**, Brasília, DF, 24 set. 2019t. Disponível em: <http://redir.stf.jus.br/paginadorpub/paginador.jsp?docTP=TP&docID=750935015>. Acesso em: 25 ago. 2020.

BRASIL. Supremo Tribunal Federal. Agravo Regimental no Recurso Extraordinário com Agravo n. 1.223.636/SC, de 29 de novembro de 2019. Relator: Min. Roberto Barroso. **Diário da Justiça**, Brasília, DF, 10 ago. 2019u. Disponível em: <http://redir.stf.jus.br/paginadorpub/paginador.jsp?docTP=TP&docID=751633015>. Acesso em: 25 ago. 2020.

BRASIL. Supremo Tribunal Federal. Arguição de Descumprimento de Preceito Fundamental n. 129/DF, de 5 de novembro de 2019. Relator: Min. Edson Fachin. **Diário da Justiça**, Brasília, DF, 9 dez. 2019v. Disponível em: <http://redir.stf.jus.br/paginadorpub/paginador.jsp?docTP=TP&docID=751580083>. Acesso em: 25 ago. 2020.

BRASIL. Supremo Tribunal Federal. Embargos de Declaração na Arguição de Descumprimento de Preceito Fundamental n. 378/DF, de 16 de março de 2016. Relator: Min. Roberto Barroso. **Diário da Justiça**, Brasília, DF, 4 ago. 2016d. Disponível em: <http://redir.stf.jus.br/paginadorpub/paginador.jsp?docTP=TP&docID=11458038>. Acesso em: 25 ago. 2020.

BRASIL. Supremo Tribunal Federal. Embargos de Declaração no Recurso Extraordinário n. 553.637/SP, de 4 de agosto de 2009. Relatora: Min. Ellen Gracie. **Diário da Justiça**, Brasília, DF, 25 set. 2009c. Disponível em: <http://redir.stf.jus.br/paginadorpub/paginador.jsp?docTP=AC&docID=603133>. Acesso em: 25 ago. 2020.

BRASIL. Supremo Tribunal Federal. Embargos de Declaração no Recurso Extraordinário com Agravo n. 655.277/MG, de 24 de abril de 2012. Relator: Min. Celso de Mello. **Diário da Justiça**, Brasília, DF, 12 jun. 2012a. Disponível em: <http://redir.stf.jus.br/paginadorpub/paginador.jsp?docTP=TP&docID=2167194>. Acesso em: 25 ago. 2020.

BRASIL. Supremo Tribunal Federal. Mandado de Segurança n. 26.000/SC, de 16 de outubro de 2012. Relator: Min. Dias Toffoli. **Diário da Justiça**, Brasília, DF, 14 nov. 2012b. Disponível em: <http://redir.stf.jus.br/paginadorpub/paginador.jsp?docTP=TP&docID=3086527>. Acesso em: 25 ago. 2020.

BRASIL. Supremo Tribunal Federal. Medida Cautelar na Ação Direta de Inconstitucionalidade n. 2.661/MA, de 5 de junho de 2002. Relator: Min. Celso de Mello. **Diário da Justiça**, Brasília, DF, 23 ago. 2002c. Disponível em: <http://redir.stf.jus.br/paginadorpub/paginador.jsp?docTP=AC&docID=387196>. Acesso em: 25 ago. 2020.

BRASIL. Supremo Tribunal Federal. Medida Cautelar na Arguição de Descumprimento de Preceito Fundamental n. 378/DF, de 17 de dezembro de 2015. Relator: Min. Edson Fachin. **Diário da Justiça**, Brasília, DF, 8 mar. 2016e. Disponível em: <http://redir.stf.jus.br/paginadorpub/paginador.jsp?docTP=TP&docID=10444582>. Acesso em: 25 ago. 2020.

BRASIL. Supremo Tribunal Federal. Medida Cautelar em Ação Direta de Inconstitucionalidade n. 2.135/DF, de 2 de agosto de 2007. Relator: Min. Néri da Silveira. **Diário da Justiça**, Brasília, DF, 7 mar. 2008d. Disponível em: <http://redir.stf.jus.br/paginadorpub/paginador.jsp?docTP=AC&docID=513625>. Acesso em: 25 ago. 2020.

BRASIL. Supremo Tribunal Federal. Petição n. 5.647/DF, de 22 de setembro de 2015. Relator: Min. Roberto Barroso. **Diário da Justiça**, Brasília, DF, 26 nov. 2015e. Disponível em: <http://redir.stf.jus.br/paginadorpub/paginador.jsp?docTP=TP&docID=9863736>. Acesso em: 25 ago. 2020.

BRASIL. Supremo Tribunal Federal. Recurso Extraordinário n. 113.587/ SP, de 18 de fevereiro de 1992. Relator: Min. Carlos Velloso. **Diário da Justiça**, Brasília, DF, 3 abr. 1992c. Disponível em: <http://redir.stf.jus.br/paginadorpub/paginador.jsp?docTP=AC&docID=204090>. Acesso em: 25 ago. 2020.

BRASIL. Supremo Tribunal Federal. Recurso Extraordinário n. 109.615/ RJ, de 28 de maio de 1996. Relator: Min. Celso de Mello. **Diário da Justiça**, Brasília, DF, 2 ago. 1996. Disponível em: <http://redir.stf.jus.br/paginadorpub/paginador.jsp?docTP=AC&docID=198163>. Acesso em: 25 ago. 2020.

BRASIL. Supremo Tribunal Federal. Recurso Extraordinário n. 209.137/ RJ, de 8 de setembro de 1998. Relator: Min. Moreira Alves. **Diário da Justiça**, Brasília, DF, 5 fev.1999d. Disponível em: <http://redir.stf.jus.br/paginadorpub/paginador.jsp?docTP=AC&docID=242088>. Acesso em: 25 ago. 2020.

BRASIL. Supremo Tribunal Federal. Recurso Extraordinário n. 290.346/ MG, de 29 de maio de 2001. Relator: Min. Ilmar Galvão. **Diário da Justiça**, Brasília, DF, 29 jun. 2001. Disponível em: <http://redir.stf.jus.br/paginadorpub/paginador.jsp?docTP=AC&docID=260156>. Acesso em: 25 ago. 2020.

BRASIL. Supremo Tribunal Federal. Recurso Extraordinário n. 341.776/ CE, de 17 de abril de 2007. Relator: Min. Gilmar Mendes. **Diário da Justiça**, Brasília, DF, 3 ago. 2007d. Disponível em: <http://redir.stf.jus.br/paginadorpub/paginador.jsp?docTP=AC&docID=474692>. Acesso em: 25 ago. 2020.

BRASIL. Supremo Tribunal Federal. Recurso Extraordinário n. 505.393/ PE, de 26 de junho de 2007. Relator: Min. Sepúlveda Pertence. **Diário da Justiça**, Brasília, DF, 5 out. 2007e. Disponível em: <http://redir.stf.jus.br/paginadorpub/paginador.jsp?docTP=AC&docID=489932>. Acesso em: 25 ago. 2020.

BRASIL. Supremo Tribunal Federal. Recurso Extraordinário n. 363.423/SP, de 16 de novembro de 2004. Relator: Min. Carlos Britto. **Diário da Justiça**, Brasília, DF, 14 mar. 2008e. Disponível em: <http://redir.stf.jus.br/paginadorpub/paginador.jsp?docTP=AC&docID=515169>. Acesso em: 25 ago. 2020.

BRASIL. Supremo Tribunal Federal. Recurso Extraordinário n. 591.874/MS, de 26 de agosto de 2009. Relator: Min. Ricardo Lewandowski. **Diário da Justiça**, Brasília, DF, 18 dez. 2009d. Disponível em: <http://redir.stf.jus.br/paginadorpub/paginador.jsp?docTP=AC&docID=607037>. Acesso em: 25 ago. 2020.

BRASIL. Supremo Tribunal Federal. Recurso Extraordinário n. 589.998/PI, de 20 de março de 2013. Relator: Min. Ricardo Lewandowski. **Diário da Justiça**, Brasília, DF, 12 set. 2013e. Disponível em: <http://redir.stf.jus.br/paginadorpub/paginador.jsp?docTP=TP&docID=4499353>. Acesso em: 25 ago. 2020.

BRASIL. Supremo Tribunal Federal. Recurso Extraordinário n. 571.969/DF, de 12 de março de 2014. Relatora: Min. Cármen Lúcia. **Diário da Justiça**, Brasília, DF, 18 set. 2014g. Disponível em: <http://redir.stf.jus.br/paginadorpub/paginador.jsp?docTP=TP&docID=6761677>. Acesso em: 25 ago. 2020.

BRASIL. Supremo Tribunal Federal. Recurso Extraordinário n. 580.252/MS, de 16 de fevereiro de 2017. Relator: Min. Gilmar Mendes. **Diário da Justiça**, Brasília, DF, 11 set. 2017f. Disponível em: <http://redir.stf.jus.br/paginadorpub/paginador.jsp?docTP=TP&docID=13578623>. Acesso em: 25 ago. 2020.

BRASIL. Supremo Tribunal Federal. Recurso Extraordinário n. 612.975/MT, de 27 de abril de 2017. Relator: Min. Marco Aurélio. **Diário da Justiça**, Brasília, DF, 8 set. 2017g. Disponível em: <http://redir.stf.jus.br/paginadorpub/paginador.jsp?docTP=TP&docID=13561815>. Acesso em: 25 ago. 2020.

BRASIL. Supremo Tribunal Federal. Recurso Extraordinário n. 693.456/RJ, de 27 de outubro de 2016. Relator: Min. Dias Toffoli. **Diário da Justiça**, Brasília, DF, 19 out. 2017h. Disponível em: <http://redir.stf.jus.br/paginadorpub/paginador.jsp?docTP=TP&docID=13866341>. Acesso em: 25 ago. 2020.

BRASIL. Supremo Tribunal Federal. Recurso Extraordinário com Agravo n. 696.316/MG, de 10 de agosto de 2012. Relator: Min. Joaquim Barbosa. **Diário da Justiça**, Brasília, DF, 16 ago. 2012c. Disponível em: <https://jurisprudencia.stf.jus.br/pages/search/despacho279820/false>. Acesso em: 25 ago. 2020.

BRASIL. Supremo Tribunal Federal. Recurso Extraordinário com Agravo n. 654.432/GO, de 5 de abril de 2017. Relator: Min. Edson Fachin. **Diário da Justiça**, Brasília, DF, 11 jun. 2018b. Disponível em: <http://redir.stf.jus.br/paginadorpub/paginador.jsp?docTP=TP&docID=14980135>. Acesso em: 25 ago. 2020.

BRASIL. Supremo Tribunal Federal. Recurso Ordinário em Mandado de Segurança n. 26.951/DF, de 7 de agosto de 2014. Relator: Min. Luiz Fux. **Diário da Justiça**, Brasília, DF, 13 ago. 2014h. Disponível em: <http://www.stf.jus.br/portal/jurisprudencia/visualizarEmenta.asp?s1=000071672&base=baseMonocraticas>. Acesso em: 25 ago. 2020.

BRASIL. Supremo Tribunal Federal. Referendo na Medida Cautelar na Ação Direta de Inconstitucionalidade n. 4.190/RJ, de 10 de março de 2010. Relator: Min. Celso de Mello. **Diário da Justiça**, Brasília, DF, 11 jun. 2010b. Disponível em: <http://redir.stf.jus.br/paginadorpub/paginador.jsp?docTP=AC&docID=612217>. Acesso em: 25 ago. 2020.

BRASIL. Supremo Tribunal Federal. Repercussão Geral no Recurso Extraordinário n. 657.718/MG, de 17 de novembro de 2011. Relator: Min. Marco Aurélio. **Diário da Justiça**, Brasília, DF, 12 mar. 2012d. Disponível em: <http://redir.stf.jus.br/paginadorpub/paginador.jsp?docTP=TP&docID=1983664>. Acesso em: 25 ago. 2020.

BRASIL. Supremo Tribunal Federal. Repercussão Geral no Recurso Extraordinário n. 828.075/BA, de 6 de outubro de 2016. Relator: Min. Roberto Barroso. **Diário da Justiça**, Brasília, DF, 23 fev. 2017i. Disponível em: <http://redir.stf.jus.br/paginadorpub/paginador.jsp?docTP=TP&docID=12475020>. Acesso em: 25 ago. 2020.

BRASIL. Supremo Tribunal Federal. Repercussão Geral no Recurso Extraordinário n. 632.115/CE, de 22 de junho de 2017. Relator: Min. Roberto Barroso. **Diário da Justiça**, Brasília, DF, 29 jun. 2017j. Disponível em: <http://redir.stf.jus.br/paginadorpub/paginador.jsp?docTP=TP&docID=13107843>. Acesso em: 25 ago. 2020.

BRASIL. Supremo Tribunal Federal. Repercussão Geral no Recurso Extraordinário com Agravo n. 848.993/MG, de 6 de outubro de 2016. Relator: Min. Gilmar Mendes. **Diário da Justiça**, Brasília, DF, 23 mar. 2017k. Disponível em: <http://redir.stf.jus.br/paginadorpub/paginador.jsp?docTP=TP&docID=12618012>. Acesso em: 25 ago. 2020.

BRASIL. Supremo Tribunal Federal. Súmula n. 15, de 13 de dezembro de 1963. **Anexo ao Regimento Interno**. Edição: Imprensa Nacional, 1964a, p. 37. Disponível em: <http://www.stf.jus.br/portal/jurisprudencia/listarJurisprudencia.asp?s1=15.NUME.%20NAO%20S.FLSV.&base=baseSumulas>. Acesso em: 25 ago. 2020.

BRASIL. Supremo Tribunal Federal. Súmula n. 16, de 13 de dezembro de 1963. **Anexo ao Regimento Interno**. Edição: Imprensa Nacional,1964b, p. 38. Disponível em: <http://www.stf.jus.br/portal/jurisprudencia/listarJurisprudencia.asp?s1=15.NUME.%20NAO%20S.FLSV.&base=baseSumulas>. Acesso em: 25 ago. 2020.

BRASIL. Supremo Tribunal Federal. Súmula n. 17, de 13 de dezembro de 1963. **Anexo ao Regimento Interno**. Edição: Imprensa Nacional, 1964c, p. 38. Disponível em: <http://www.stf.jus.br/portal/jurisprudencia/listarJurisprudencia.asp?s1=17.NUME.%20NAO%20S.FLSV.&base=baseSumulas>. Acesso em: 25 ago. 2020.

BRASIL. Supremo Tribunal Federal. Súmula n. 346, de 13 de dezembro de 1963. **Anexo ao Regimento Interno**. Edição: Imprensa Nacional, 1964d, p. 151. Disponível em: <https://jurisprudencia.stf.jus.br/pages/search/seq-sumula346/false>. Acesso em: 25 ago. 2020.

BRASIL. Supremo Tribunal Federal. Súmula n. 473, de 3 de dezembro de 1969. **Diário da Justiça**, Brasília, DF, 10 dez. 1969. Disponível em: <http://www.stf.jus.br/portal/jurisprudencia/listarJurisprudencia.asp?s1=473.NUME.%20NAO%20S.FLSV.&base=baseSumulas>. Acesso em: 25 ago. 2020.

BRASIL. Supremo Tribunal Federal. Súmula n. 679, de 9 de setembro de 2003. **Diário da Justiça**, Brasília, DF, 9 out. 2003b. Disponível em: <http://www.stf.jus.br/portal/jurisprudencia/listarJurisprudencia.asp?s1=679.NUME.%20NAO%20S.FLSV.&base=baseSumulas>. Acesso em: 25 ago. 2020.

BRASIL. Supremo Tribunal Federal. Súmula n. 682, de 24 de setembro de 2003. **Diário da Justiça**, Brasília, DF, 9 out. 2003c. Disponível em: <http://www.stf.jus.br/portal/jurisprudencia/listarJurisprudencia.asp?s1=682.NUME.%20NAO%20S.FLSV.&base=baseSumulas>. Acesso em: 25 ago. 2020.

BRASIL. Supremo Tribunal Federal. Súmula n. 684, de 24 de setembro de 2003. **Diário da Justiça**, Brasília, DF, 9 out. 2003d. Disponível em: <http://www.stf.jus.br/portal/jurisprudencia/listarJurisprudencia.asp?s1=684.NUME.%20NAO%20S.FLSV.&base=baseSumulas>. Acesso em: 25 ago. 2020.

BRASIL. Supremo Tribunal Federal. Súmula Vinculante n. 3, de 30 de maio de 2007. **Diário da Justiça**, Brasília, DF, 6 jun. 2007f. Disponível em: <http://www.stf.jus.br/portal/jurisprudencia/listarJurisprudencia.asp?s1=3.NUME.%20E%20S.FLSV.&base=baseSumulasVinculantes>. Acesso em: 25 ago. 2020.

BRASIL. Supremo Tribunal Federal. Súmula Vinculante n. 37, de 16 de outubro de 2014. **Diário da Justiça**, Brasília, DF, 24 out. 2014i. Disponível em: <http://www.stf.jus.br/portal/jurisprudencia/listarJurisprudencia.asp?s1=37.NUME.%20E%20S.FLSV.&base=baseSumulasVinculantes>. Acesso em: 25 ago. 2020.

BRASIL. Supremo Tribunal Federal. Súmula Vinculante n. 43, de 8 de abril de 2015. **Diário da Justiça**, Brasília, DF, 17 abr. 2015f. Disponível em: <http://www.stf.jus.br/portal/jurisprudencia/listarJurisprudencia.asp?s1=43.NUME.%20E%20S.FLSV.&base=baseSumulasVinculantes>. Acesso em: 25 ago. 2020.

BRASIL. Supremo Tribunal Federal. Súmula Vinculante n. 46, de 9 de abril de 2015. **Diário da Justiça**, Brasília, DF, 17 abr. 2015g. Disponível em: <http://www.stf.jus.br/portal/jurisprudencia/listarJurisprudencia.asp?s1=43.NUME.%20E%20S.FLSV.&base=baseSumulasVinculantes>. Acesso em: 25 ago. 2020.

BRASIL. Supremo Tribunal Federal. Súmula Vinculante n. 51, de 18 de junho de 2015. **Diário da Justiça**, Brasília, DF, 23 jun. 2015h. Disponível em: <http://www.stf.jus.br/portal/jurisprudencia/listarJurisprudencia.asp?s1=43.NUME.%20E%20S.FLSV.&base=baseSumulasVinculantes>. Acesso em: 25 ago. 2020.

BRASIL. Supremo Tribunal Federal. Tema de Repercussão Geral n. 138, de 9 dezembro de 2016. **Diário da Justiça**, Brasília, DF, dez. 2016f. Disponível em: <http://www.stf.jus.br/portal/jurisprudencia/menuSumarioTese.asp?tipo=TRG&tese=3815>. Acesso em: 25 ago. 2020.

BRASIL. Supremo Tribunal Federal. Tema de Repercussão Geral n. 246, de 26 de abril de 2017. **Diário da Justiça**, Brasília, DF, 12 set. 2017l. Disponível em: <http://www.stf.jus.br/Portal/jurisprudencia/menuSumarioTese.asp?tipo=TRG&tese=4690>. Acesso em: 25 ago. 2020.

BUCCI, M. P. D. **Direito administrativo e políticas públicas**. São Paulo: Saraiva, 2006.

CLÈVE, C. M. Revendo o princípio da separação dos poderes. In: CLÈVE, C. M. **Atividade legislativa do Poder Executivo**. 2. ed. rev., atual. e ampl. São Paulo: Revista dos Tribunais, 2000. p. 21-44.

DI PIETRO, M. S. Z. **Direito administrativo**. 31. ed. São Paulo: Forense, 2018.

FREITAS, J. Catálogo dos princípios fundamentais regentes das relações de administração pública. In: FREITAS, J. **O controle dos atos administrativos e os princípios fundamentais**. 4. ed. ampl. São Paulo: Malheiros, 2009. p. 53-150.

JUSTEN FILHO, M. **Curso de direito administrativo**. 12. ed. São Paulo: RT, 2016.

JUSTEN FILHO, M. **O direito das agências reguladoras independentes**. São Paulo: Dialética, 2002.

MOREIRA NETO, D. de F. 1989. **Curso de direito administrativo**: parte introdutória, parte geral, parte especial. 8. ed. Rio de Janeiro: Forense, 1989.

RIO GRANDE DO SUL. Constituição Estadual (1989). **Diário Oficial do Estado**, Porto Alegre, RS, 3 out. 1989. Disponível em: <http://www2.al.rs.gov.br/dal/LinkClick.aspx?fileticket=9p-X_3esaNg%3d&tabid=3683&mid=5358>. Acesso em: 25 ago. 2020.

Sobre o autor

Ricardo Kleine é mestre em Direito do Estado pela Universidade Federal do Paraná (UFPR). Lecionou na graduação as disciplinas de Direito Administrativo, Direito Regulatório, Direito Financeiro, Direito Tributário e Direitos Humanos no curso de Direito (Faculdades Integradas Santa Cruz e Faculdade OPET). Atualmente, é advogado e consultor em Curitiba.

Os papéis utilizados neste livro, certificados por instituições ambientais competentes, são recicláveis, provenientes de fontes renováveis e, portanto, um meio responsável e natural de informação e conhecimento.

FSC
www.fsc.org
MISTO
Papel produzido a partir de fontes responsáveis
FSC® C103535

Impressão: Reproset
Dezembro/2020